CHEERS

HERE COMES EVERYBODY

湛庐

与最聪明的人共同进化

CHEERS
湛庐

He Wins, She wins

爱情没输赢

[美] 威拉德·哈利
Willard F. Harley, Jr. 著

叶壮 译

浙江教育出版社·杭州

如何让争吵变成加深爱的机会？

1. 如果夫妻双方始终抱着双赢的目标，那么一切矛盾就都可以化解吗？

   A. 是

   B. 否

2. 当夫妻面对冲突时，如果一方总是习惯为爱牺牲自己，会带来什么弊端？（单选题）

   A. 封闭自我

   B. 导致怨恨

   C. 导致受益方产生不合理的期待

   D. 以上皆是

3. 夫妻之间什么样的约定更容易被顺利履行？（单选题）

   A. 奖惩分明的

   B. 有法律效力的

   C. 兼顾双方利益的

   D. 有爱作为前提的

扫描左侧二维码查看本书更多测试题

两口子的世界，不需要胜负欲

如果你是一名从事夫妻情感咨询工作的心理咨询师，一定会经历这样的场景：你对面的两个人通过各种各样的表达与手段向你证明着"我对了，他／她错了"。仿佛你的工作并不是修复他们的感情，而是要为各执一词的原／被告做出判决。

对很多过日子的伴侣来说，情感表达中的胜负欲恐怕要比关爱更加明显。

不过胜负欲本身未必可怕，胜负欲造成的对真情实感的蚕食才可怕。

一开始，情侣或夫妻可能只是争执——这很正常，伸出一只手来，五个指头都不一样长，何况两个来自不同原生家庭的大活人呢？然而争执的诡异之处，在于它一不留神就会超越就事论事讨论的边界。

于是，争执可能会升级，大家语速加快，面红耳赤，摔门而去，嚎啕大哭；争执可能会转化成"拉票"，一方找哥们儿买醉，一方跟闺密哭诉；这边一个劲儿地跟孩子灌输"你妈总这样",那边索性关掉手机,回了娘家。争执还可能从具体细节走向翻旧账、扣帽子,两个人就挑最戳对方肺管子的话说,尖刻至极。最差的情况是,争执转化成了冷漠,毕竟不打交道就没矛盾,不见面就没交集,不说话就不会有言语上的碰撞。原本亲密的两口子,就这么越过越像陌路人。

婚姻中的爱与共情正在遭遇忽略。没准儿你对此也有切身的体会。谈及两口子过日子,我们总说要"携手共进",强调夫妻二人保持一致、形成合力,但在当下的婚姻生活中,我们越来越容易看到的,却是情侣、夫妻之间的抱怨与冲突。婚姻也因此从同进同退的旅途,变成了有我没你的博弈。

而《爱情没输赢》洞察到了这其中的矛盾,转而以细腻的笔触和实用的策略提醒我们:婚姻的幸福不是来自胜负,而是来自彼此的体谅与用心的沟通。按照威拉德·哈利博士的意思,争执大可以避免升级为大动肝火与冷战。伴侣双方在某个议题上的矛盾,其实就像是一辆快速运行的火车,我们需要给它提供有序安全的轨道,只要不脱轨,就能把矛盾一路化解,最终抵达和和美美的终点站。这条铁轨,便是"共同协商原则",它最有价值的地方,在于解决了亲密关系中的普遍困境:如何不被具体的冲突蒙蔽了爱与尊重,以及如何在伴侣双方不可避免的差异之间建立共识。

很多时候,伴侣吵架时一上头,"要赢"的心理冲动就彻底压过了"要解决问题"的客观需求。但在"共同协商原则"看来,在矛盾中奔向双赢的主线,一定是妥善沟通,让夫妻双方都能找到让彼此满意的解决方案。书中讲到了不少横亘在夫妻间的阻碍，其中之一便是婚姻中与"妥协"和"牺牲"有关的传统思维模式。我身边有不少男士，一旦因为带孩子影响了自己工作上的安排，就容易掉进"牺牲思维"误区，在情感上觉得自己做了巨大奉献。这种情感动力强劲，很可能转化成埋怨，也可能转化成邀功，而孩子妈妈也会直愣愣地怼回来一句："难道这不是你孩子？"每每此时，矛盾这辆火车就离脱轨不远了，那位已经辛苦带了半天孩子的爸爸没准儿会杠上一句："要是我天天都带娃，那谁来挣钱？"他对面的伴侣也八成会没好气地反击："废话，我就是因为带孩子才没了事业，你现在竟然跟我提挣钱？"争来吵去，没准儿让无辜的孩子内心背上了最重的负担——都是我不好，要不是因为陪我，爸妈也不至于吵架。陪孩子本是为孩子好，结果让孩子徒增烦恼，何必呢。

矛盾是客观的，但哈利博士建议夫妻双方一开始就要把握好表达的方式。他在书中强调，夫妻应该通过倾听和理解来找到共同点，而非通过指责与对抗来让对方屈服。换句话说，婚姻关系中最需要"非暴力沟通"，那样才能逢山开路，不仅解决矛盾，更能在处理矛盾的过程中看到对方身上值得自己深爱的内在价值。总之，当矛盾降临时，夫妻对共识的双向奔赴，远远好过"两口子擂台赛"上的终局 KO。

不过说起来容易做起来难，"不吃亏"已是当下这个时代中很多人给自己划定的生存底线，也在过去的 20 年里逐渐渗透进了亲密关系与婚姻生活，以至于很多人都开始在亲密关系中践行"零和博弈"的逻辑——今天我半夜起来哄孩子，明天就必须要给我留时间打游戏；我屈尊陪你回家过了年，暑期的旅行目的地就必须由我定；你买了个新包包，那我一定要换个新手机。我们对婚姻与爱情的认识不自觉地被彩礼风俗、两性平等、婚前财产等各种话题，以及真真假假的短视频段子裹挟，而婚姻最本质的内核——爱与共情，也因此遭遇了掩盖与忽略。

针对这一点，哈利博士在书中提点，我们大可以把"爱与共情"看作是某种能够存入伴侣之间"情感账户"的货币，每当夫妻在沟通中找到了双赢的解决方案，彼此感受到了尊重与理解，账户余额就会增加；而每一次不尊重、强迫或忽视对方需求的行为，都会导致账户余额的减少。你看，人人都知道"你不理财，财不理你"，到了婚姻中，我们也依然得有"你不理爱，爱不理你"的觉悟。

亲密关系中的冲突表面看是分歧，实际上却往往是未被满足的需求在发声。无论社会如何变化，人类的某些心理需求却始终如一：爱与被爱，理解与被理解，尊重与被尊重，而这些心理需求也同样是亲密关系的基石。哈利博士的"共同协商原则"之所以能够流行多年，也是因为它建立在这一人性规律之上。在我看来，这不仅是一种击破零和博弈并解决冲突的技巧，更是一种经营婚姻的哲学。哈利博士提醒我们，婚姻的核心是关心彼此的感受，努力为对方创造幸福。通过这本书，你会学到如何用心经营婚姻，如何在冲突中加深对彼此的爱意，如何让婚姻成为你们共同的港湾，而非彼此较量的战场。

爱情没输赢，婚姻有共赢。愿这本书帮助每一对夫妻学会以"共赢"的方式维护婚姻旅程，享受被爱情滋养的生活。

家是讲爱的地方，还是讲理的地方？

夫妻矛盾在所难免。我和妻子乔伊丝对问题的看法总是截然不同，恨不得每个小时都要闹一次矛盾。多亏我俩作为解决冲突的专家掌握了快速、有效处理分歧的技巧，在矛盾露出苗头的时候就能妥善处理，因此，我们的婚姻才如此称心如意。

如果我们不知道该怎么处理矛盾会怎样呢？倘若我们之间的矛盾没有得到解决，会怎样呢？要是我们非要争个高低不可，甚至给对方下绊子，而不是积极寻找解决矛盾的方法，又会怎样呢？经年累月，冲突会转为积怨。那到了结婚 50 年后的今天，我俩势必会淹没在一大堆悬而未决的矛盾之中，更别说一起好好过日子了。

在我还年轻的那个年代，两个情投意合的人先结婚，再生子，继而共同把孩子抚养大是一种常态。可现如今，情况截然不同了。很多成年人过着单身生活，在美国，超过 40% 的孩子是由没结过婚的母亲或父亲养大的，成年人群中选择结婚的人所占比例稳步下滑。人们即使结了婚，也很可能会在某个时刻严肃地考虑离婚的可行性。

在本书中，我将集中关注导致以上巨变的原因之一：谈判失败。大多数夫妻并不知道如何在化解矛盾的同时让双方都满意。

这一议题并不新鲜，自从 20 世纪 60 年代离婚率陡然上升之后，婚姻家庭咨询师们就已经意识到了这个问题，也写了很多书来帮助夫妻更有效地去沟通，去倾听、理解、尊重对方。而我在本书中又会提供怎样的新观点、新方法呢？

面对婚姻冲突，我的解决之道之所以与众不同，就在于我的最终诉求是让夫妻更恩爱，而大多数婚姻家庭咨询师的关注点却是解决冲突。解决冲突对我而言只是实现终极目标的一种手段。某个解决方案如果能让夫妻彼此产生爱意，那我就赞成，因为在我看来，这才是正路子。相反，如果它不能激发爱意，在我看来，这个决策就不够明智。

在我的咨询生涯中，见过许多能彼此尊重、沟通毫无障碍的夫妻，他们最终却因为失去了对彼此的爱而产生了离婚的冲动。可我从没见过一对夫妻满怀对彼此的爱意却还要闹离婚。

阅读本书，学以致用，你可以有效地与伴侣沟通，解决好你们之间的矛盾。不仅如此，你还会有更重要的收获，那就是了解如何维系你们之间的爱。

He
Wins,
She
Wins

目 录

译者序　两口子的世界，不需要胜负欲

前　言　家是讲爱的地方，还是讲理的地方？

第一部分

婚姻中的谈判艺术

01	如何识别并解决生活中的关键冲突	003
02	如何实现伴侣间真正的团结与支持	011
03	如何在谈判中避免赢了战斗却输了战争	017
04	如何找回日常的浪漫与新鲜感	031
05	如何制定双赢互利的策略	039
06	如何找到适合双方的沟通方式	047
07	当共同协商原则失灵时怎么办	059

第二部分

婚姻中的 5 种常见冲突

08　亲友方面的纠葛　069
　　如何在大家庭和小家之间找到平衡点

09　工作与生活的天平　079
　　如何平衡职业压力和家庭需求

10　金钱的烦恼　089
　　如何在理财和消费上达成共识

11　育儿的挑战　097
　　如何在不同的教育观念中寻找共同的育儿之路

12　亲密关系的裂痕　105
　　如何在性欲不同步时找到和谐的节拍

第三部分

实用的冲突解决技巧

13　情绪激动的时候如何谈判　119

14　都沉默的时候如何打破僵局　125

15　犹豫不决的时候如何做出共同决策　131

16　伴侣被动、不作为时如何提高其参与度　135

17　热情不再时如何重燃激情　139

目 录

结 语　爱的谈判，让婚姻变成你理想中的样子　　143

附录 A　婚姻谈判工作表　　145

附录 B　情感需求问卷　　149

附录 C　爱情破坏者问卷　　161

He
Wins,
She
Wins

第一部分

婚姻中的谈判艺术

在本书的第一部分，我将重点教给你一名高水准谈判者所需的技巧。万事开头难，但随着时间推移、实践增多，你会发现巧妙的谈判可以成为你和伴侣生活中的一种交流方式。

01

如何识别并解决生活中的关键冲突

那是一个难熬的晚上。克雷默一家的新成员——小埃米莉一直哭闹着不睡觉，而她的爸爸托尼第二天上班要接待重要客户，必须打起十二分精神，有个好状态。所以，只要小埃米莉一哭，托尼就翻过身，拿枕头盖住自己的头屏蔽哭声，同时指挥妻子乔迪赶快起来安抚小埃米莉。

乔迪很快就不乐意了——凭什么只靠她夜里起来照顾孩子？她觉得自己应该和托尼轮流起身，安抚小埃米莉。毕竟，这不是她一个人的女儿！除此之外，乔迪自己也忙了一天，当然也需要好好睡一觉。

小埃米莉第三次哭闹的时候，乔迪戳戳丈夫，想把他叫醒去哄孩子。可托尼就是不醒。乔迪只能上脚，结果一下子把丈夫从床上踹了下去。托尼清醒过来，意识到刚才发生了什么，不禁勃然大怒。

"你有病吗！"他怒吼。

"对不起啊，"乔迪向丈夫解释，"但我刚才叫不醒你嘛，现在该轮到你哄孩子了。"

乔迪和托尼都知道，双方的矛盾在于"夜里该由谁带孩子"这件事，同时他们也都有各自认为公平的解决方案。乔迪的提议是平等分担责任，托尼带一次，自己带一次，这样轮着来。乔迪也能接受两个人每几天轮流休息一次，甚至是每个月轮流休息几周，总之，只要平等就行。

但托尼觉得自己的工作特别需要保持良好的状态，所以他夜里必须睡个整觉。而乔迪的工作不像自己的那样时刻需要保持最佳状态，所以托尼认为，乔迪就算夜里多醒几次，问题也不大。

这已经不是乔迪和托尼第一次纠结晚上到底该由谁来哄孩子了。事实上，在第一个孩子罗比出生后不久，这一问题就已经浮出水面，可他们从来没有解决过这方面的分歧。如今第二个孩子降生，他们又重新面对原来那个问题了。

正如我在前言中所讲的，夫妻矛盾在所难免。我和妻子乔伊丝在婚姻中每天也要面对许多矛盾，但因为我们已经学会了如何用正确的方式化解矛盾，婚姻才得以历久弥坚。

每一次争吵，其实都是让爱意加深的机会。

如果我们像乔迪和托尼一样陷入冲突模式、无法解决问题，又会如何呢？估计用不了多久，我俩就无法忍受待在彼此身边了。

形势在向平等转变

从历史的角度来看，丈夫一方在婚姻冲突的解决中往往具有决定性的优势。他们只需做出决定，妻子就要恭恭敬敬地服从。过去的大多数文化与宗教都鼓励夫妻双方这么做，也就是所谓的"夫唱妇随"。彼时婚姻常常被视为宗教和政治秩序的缩影，地位较高的人通常对地位较低的人有支配权，在家庭中就体现为丈夫对妻子、孩子、仆从和奴隶的支配权。那时，男性主宰着世界。

就美国而言，自美国革命开始，这一传统便被颠覆了。《独立宣言》指出，人人享有平等的"生命权、自由权和追求幸福的权利"。当然，在实践中，这些权利并没能在一夜之间被赋予每个人。历经近百年，当年的奴隶们才最终获得自由、得到了公民身份，非裔美国男性才获得了选举权。这之后又过了 50 多年，女性才终于获得了选举权和担任公职的权利。

当今，在美国和其他大多数民主文化中，人们都认为女性应该享有与男性相同的基本权利。而在婚姻中，这种转变就意味着女性可以与丈夫平起平坐、成为与之平等的伴侣。人们不再认为丈夫对妻子拥有支配和控制的权利。

与此同时，人们也不再认为婚姻是一辈子的事了。在 20 世纪

60 年代之前，离婚率一直不超过 10%，但到了 1980 年，离婚率飙升至 50% 以上。如今，这个数字稳定在 45% 左右，但结婚率却逐年稳步下降。

症结何在？当今的婚姻要求夫妻双方共同努力，而非一方掌控另一方，这难道不是会使夫妻双方变得更加幸福吗？表面上看的确如此。但问题在于，男性、女性在生活中对种种事物的看法并不总是一致的，文化层面的平等转变并不能使他们拥有共同面对问题、做出决策的能力。

如果生活在 100 年前，不管是对乔伊丝还是对我而言，婚姻中很多方面的决策都不会像今天这么复杂。只要我俩发生冲突，她就要理所当然地服从我。我若是个体贴的好丈夫，可能也会听听她的意见。但无论如何，她最终都得接受我的决定。

在我和乔伊丝结婚的年代，新娘在誓言中做出"爱、尊重和服从丈夫，直至死亡将我们分离"的承诺仍然很常见，乔伊丝也曾忠实地背诵这一段。当然，我也和当时的大多数男人一样，并没有向对方做出对等的承诺，而只是承诺会"爱她、珍惜她"。

尽管双方誓言中的措辞有所不同，但我和乔伊丝都明白，我们是平等的伙伴，是携手共进的伴侣。乔伊丝不会毫无原则地服从我，我也不希望她那样做。我们彼此相爱，彼此珍惜，因此我们做事互相商量，遇事共同决策，尽量保证双方都满意。

　　我们依托于共同的努力而不是控制的方式来维持婚姻，我们当时并没有意识到，这其实与几千年来大多数婚姻的运作方式截然不同。可是，双方共同决策、达成共识，这太不容易了，比乔伊丝简单地服从我、依我命令行事难多了。

　　作为一名婚姻家庭咨询师，经验告诉我，在当今的婚姻中，谈判是夫妻双方必不可少的技能。这种技能学起来并不简单。我并不是说人们不懂得如何谈判。实际上，我给许多夫妻做过咨询，他们中的一些人其实自身也是谈判专家，只不过这些人拥有的谈判能力局限在婚姻之外的领域。一旦要跟伴侣谈判，他们就会把"以达成共识作为要义"的谈判艺术抛诸脑后。

　　我们掌握的谈判知识与婚姻中需要的谈判方式脱节了，这种脱节很可能与人类历史上父权制社会遗留的观念和本能有关。尽管我们生活在男女平等的社会文化中，但许多丈夫在处理冲突时仍然倾向于让妻子"服从"，而很多妻子因为意识到了平等的力量，试图反过来以此控制丈夫。

　　在冲突无法轻易得到解决时，夫妻双方往往都会想要强迫对方服从。强迫不起作用时，他们就会独自行动，单方面做出决策。问题的症结就在于夫妻双方都不想成为对方的提线木偶，不希望对方做决定时无视自己的利益和感受。解决冲突没有捷径，就像乔迪和托尼的育儿问题一样，当悬而未决的矛盾越积越多时，终究会压垮一对夫妻。

　　毫无疑问，比起直接告诉对方该做什么或单方面做出决定，夫妻双方达成一致、共同决策更加困难。但夫妻之间要想实现真正的平等、一劳永逸地解决矛盾，共同协商是唯一合理的选择。

共同的目标

"在谈判目标上达成一致"是任何谈判的起点，而我鼓励夫妻将"找到双方都满意的解决方案"，即达到双赢的结果当成谈判的目标。不过正如我前面提到的，这并不容易做到。虽然大多数夫妻都认同我的观点，认为双赢是婚姻中最理想的结果，但还是会有很多人说，现实中几乎不存在双赢的可能。这样一来，他们便会认为，如果一对夫妻要共同生活并做出必要的决策来维持正常运转，"妥协"自然就成了板上钉钉的事，而妥协也意味着不可能做出实现双赢的决策。

明尼苏达州前州长蒂姆·波伦蒂（Tim Pawlenty）的事务总监查理·韦弗（Charlie Weaver）是一位备受尊敬的政治谈判代表。他曾多次利用谈判技巧让分歧极大的政敌与自己达成共识。韦弗的工作令人钦佩，他将自己的成功归功于这样的谈判目标："保证谈判各方在离开时都有点儿高兴，同时也有点儿恼怒。"[1]

韦弗的这个目标在政治上可能说得通，放在婚姻中却不太适用。试图以

① Baird Helgeson, "Outline of budget deal at Capitol?" *Star Tribune*, April 23, 2011.

此为目标解决冲突的夫妻会发现，他们往往会立即忘记解决方案中让他们"有点儿高兴"的事实，而对那些让他们"有点儿恼怒"的部分耿耿于怀。如果冲突没能以正确的方式解决，没能让夫妻双方都满意，那么，几乎每对有过此种体验的夫妻都要经历长时间的愤懑。

　　毕竟政治领域有太多无法调和的利益冲突，我们无法指望每个人都能满意同一个决定，更何况对立政党也从来不曾承诺要互相关心，他们的目标就是把对方打趴下。但在婚姻中，决策只需考虑两个人的利益，而且这两个人也不是相互敌对的关系。不但如此，他们甚至曾向对方做出要互相关心的承诺。因此，这两个人如果要解决冲突，当然有可能实现双赢。不管是我自己的婚姻经验，还是我帮助过数以千计的夫妻解决婚姻问题的经验，都表明夫妻可以做到双赢。

　　本书能够帮你成为婚姻中的谈判专家，让夫妻双方各取所需。读完本书，并将所学内容应用于你所面临的冲突时，你会惊讶地发现，自己已能成功消解纠结多年的难题。在以双赢的方式解决冲突的过程中，你还会有额外的收获，那就是和伴侣重新坠入爱河。

02

如何实现伴侣间真正的团结与支持

我在大学当教授的时候教的是神经心理学。学生们会由这门课学到大脑的各个部分如何控制人类的行为。我让学生们观察成年男性和成年女性的大脑，再问他们是否注意到两者之间的差异。学生们普遍能够指出它们的差别，即男性的大脑要比女性的大，褶皱也更多。

随后我会继续剖析这两个大脑的结构，学生们会发现，两个大脑不仅表面不同，内部也不同。虽然女性大脑体积偏小，但连接两个脑半球的纤维带，即胼胝体（corpus callosum）要比男性的大得多。女性大脑两半球的互联区域更大，这就解释了为什么女性在做决策时会比男性考虑得更多。

而在男性大脑中，顶下小叶（inferior parietal lobule）的占比更大，左脑尤其如此。这个区域与数学能力有关，在爱因斯坦的大脑中，顶下小叶尤其大。这样的差异会不会就是男性比女性更容易在数学方面取得优异成绩的原因？

还有颞上回（superior temporal gyrus）和额下回（inferior frontal gyrus），这是两个与语言能力相关的部分，它们在女性大脑中占比更大。而这会不会导致在出现问题时，女性往往比男性更容易沟通？

女性大脑的顶区（parietal region）更厚一些，有人认为，这样的厚度抑制了女性心理旋转（mental rotation）①的能力，而男性在理解空间关系方面则更具优势。

除以上这些肉眼可见的差异之外，男女大脑间还有更多生化层面的区别。例如，催产素是一种在压力下释放的、具有镇静作用的激素，而女性大脑中的雌激素和男性大脑中的睾酮对催产素的分泌有着不同影响。雌激素能强化催产素的作用，睾酮则相反。有人认为，这种差异导致女性在压力状态下倾向于照顾自己和子女，男性则往往会产生战斗－逃跑反应。

男性和女性的大脑差异究竟如何影响行为尚存在争议，但两者间存在明显区别，这点毋庸置疑。我们不仅能在男性和女性的身体上看到区别，也能从他们的大脑和思维方式上看到不同。

多年的心理咨询经验使我相信，如果男性和女性能够尊重双方之间的差异，他们就更能在人生中做出明智的决定。反之，如果这些差异得不到关注，夫妻就很可能陷入纠结，甚至发生冲突。

---

① 心理旋转，指大脑对物体表征进行二维或三维旋转的过程。——译者注

男性和女性需要彼此的视角

男女的大脑从结构到内在化学机制的差异决定了他们思维方式的不同。因此，男性和女性会对各种各样的问题得出不同结论也就不足为奇了。

纵观历史，男性因为身体更加强壮而得以控制女性，男性的观点也就因此被他们自己赋予了正确性，女性的观点则容易遭遇冷落。甚至到了近现代，大多数女性也仍在默许这种判断。

不妨想一想，为什么直到 1920 年，美国才允许女性参与投票和担任公职？就是因为之前位高权重的男性不认为女性有胜任这些工作的智慧。他们认为，女性与他们的意见相左意味着在思想上低他们一等。而且在当时，似乎大多数女性也并不反对这种针对她们的论调。

今非昔比。总体看来，男女一样聪明在现今社会已经是被证明的事实。非要说区别，也只是存在不同视角而已。但在婚姻中，视角不同恰恰会带来冲突。如果一对夫妻只会在"不是西风压倒东风，就是东风压倒西风"的情况下达成协议，冲突就会升级成争吵，问题还是得不到解决。在大多数婚姻中，结果就是夫妻渐渐疏离，爱意随风而散，最终要么分居，要么离婚。

当然，结果并不一定要变成这样。夫妻双方完全可以带着热情去寻找彼此的共同之处，从而化解冲突。这种情况下找到的解决方案比一方单独思考的结果要明智得多。男女双方的视角差异相辅相成，可以让我们对生活中的问题形成更加完整的认识。换句话说，夫妻之间达成的一致想法便是解决矛盾的最佳方法。

在此我有个重要的忠告：夫妻必须最大程度地尊重彼此的观点。他们必须先认识到自己并非全知全能，个人的观点也会有缺憾之处。他们必须重视彼此的观点，将其视为冲突拼图中不可或缺的一部分。当然，不要为了对方而忽略自己的观点，这同样重要。他们还必须明白，解决婚姻矛盾的唯一目标就是找到双方都拥有热情的"一致点"。正因为男女之间在思维方式上存在很大的不同，他们才拥有了成为完美人生伴侣的可能。

一对夫妻会犯下的最大错误就是蔑视或屈从对方的观点。不拿"男女有别"当回事，就忽略了一样最有价值的资产。

为何"让步"并非互相关爱的最佳方式

绝大多数伴侣都知道，他们在很多方面都对彼此存在需求，比如在生理上、情感上、心智上等。这种彼此之间的依赖会产生一种关心和保护对方的本能意愿，其强度远远超过人们在同性关系中的对应水平。

最近，我和一群年轻妈妈交流时，其中一位问了我这样一个问题："我家老公总会'让步'，以此来成全我的决策，但我知道他其实并不怎么认可我的想法。我在'做自己'的时候感觉还是挺好的，但事后总觉得不太舒服。

怎样才能让他向我敞开心扉，说出真实感受呢？"

　　这位女士的丈夫很可能是出于关心，希望妻子快乐，才同意她去做能让她开心的事。

　　而这位女士可能偶尔也会同样对待她的丈夫。这对夫妻都有这样一种本能，那就是愿意付出一切代价去关心对方，哪怕这代价就是自己的幸福。但这位女士现在意识到，这样的相互关心给他们带来了新的问题。她喜欢按自己的方式行事，但在内心深处，她也知道这没法让他俩真正解决冲突。

　　请注意这位女士是如何表达自己的担忧的：她想让丈夫"敞开心扉"，这样她才能知道他的"真实感受"。换句话说，他们之间的讨论从来没有真正触及彼此观点的分歧。相反，这位女士可以表达自己想要什么，而丈夫要么拒绝她，要么顺从她。可她真正想要的，是两个彼此完全不同的人各自真诚表露自己的想法。

　　我在自己的婚姻中做出决策时，本能常常告诉我："如果我真的在乎乔伊丝，就应该满足她的一切要求。越愿意为了她的快乐而牺牲自己的快乐，就是对她越关心。"然而我知道，要做出最明智的选择，就得把我们双方的观点都考虑进去。我们各自的观点有着同样的价值。如果我不向乔伊丝表达我自己的观点，就是在限制我们即将因融合而变得卓越的智慧。

　　前面提到的那位女士，她的丈夫只是简单地给了妻子她想要的，却没有发表自己的意见，这其实剥夺了妻子获得更加宝贵的信息的机会，同时也会让妻子感到很不舒服。对妻子来说，能理解自己的丈夫比全然按自己的意愿行事更重要。

在婚姻中，男人和女人应该结合成为一个新的整体，不该各自为战，而要组成团队。他们要学着一起做计划，再一起执行。拥有一个既关心自己又能合作的生活伴侣会给我们带来巨大的优势。如果光靠自己，这种优势永远也争取不到。夫妻同心，其利断金，两个人总比一个人更有智慧。要想通力合作，那就需要技巧，尤其是谈判的技巧。

03

如何在谈判中避免赢了战斗却输了战争

在向你展示该如何找到婚姻问题的最佳解决方案，即达到双赢之前，我想先介绍一些夫妻间常用的策略，这些策略导致的结果无非是"西风压倒东风或东风压倒西风"。以"谁输谁赢"来评判问题解决与否是人们常用的方法，因为这比争取双赢更容易实现，而且在一定程度上也体现了人们的竞争本能。我们自然而然地会被这些解决方法吸引。

乔迪和托尼，我在第 1 章提到的那对夫妻，在恋爱期间和刚结婚的头几个月里，根本无法想象自己有朝一日会为"夜里该由谁带孩子"这种事争吵不休。在过去的那些年里，他们都向对方表达了"遇到问题时要互相帮助"的热切意愿，表示即使牺牲个人利益也在所不惜。如果他们做过婚前咨询，当婚姻家庭咨询师询问他们会如何处理这类冲突时，双方都会不假思索地做出类似"由自己来承担照顾孩子的工作，让对方休息"的回答。

然而，时过境迁，乔迪和托尼如今却因为夜里谁带孩子，以及是否应该共同承担责任而发生了冲突，以此为起点，还引出了许多故事。

牺牲策略

为了你爱的人牺牲自己的利益，这是解决生活中许多问题的老办法。很多人将其视为爱一个人的最高境界。仿佛夫妻双方为彼此牺牲得越多，他们的婚姻就会越美满似的。

欧·亨利的短篇小说《麦琪的礼物》中就描述了这样的"美满"婚姻。一对贫穷的夫妇都想在圣诞节送对方一样有意义的礼物，奈何囊中羞涩。妻子想送丈夫一条表链以搭配他的金表，因为这块表是丈夫最重要的东西；丈夫想送妻子一把梳子，因为柔美的秀发是妻子最引以为傲的珍宝。最终，丈夫卖掉金表买了梳子，而妻子卖掉头发买了表链。这是一个为爱牺牲的伤感故事。

但是，婚姻中的为爱牺牲往往夹带了几个弊端。

首先，为爱做出牺牲的行为通常都是秘密进行的。夫妻双方不是同舟共济、一起解决问题，而是各做各的，把计划藏在心里。在第2章中，我描述了一位年轻母亲面临的困境：丈夫的"让步"让她可以为所欲为，她喜欢随心所欲地做自己喜欢的事，但她觉得这样做会把丈夫推得越来越远，丈夫会封锁心门、将她拒之门外。她想让丈夫敞开心扉，这样她才能知道他的真实感受。事实上，为了在乎的人而牺牲自己通常也意味着你不会轻易透露自己内心深处的感受。这位丈夫无法在满足妻子所有需求的同时还对她全无保留。

在婚姻里，"牺牲自我"往往也同时意味着"封闭自我"。

其次，牺牲自我并不是解决婚姻问题的长久之计。因为牺牲的那一方通常不会愿意让这样的事成为习惯，充其量，这种牺牲只能算是可以偶尔为之的事情。但这样的事同时又开创了一个先例，导致受益方产生了期待。当一方的受益建立在另一方自愿牺牲的基础上时，那么，上一次对方的心甘情愿很容易转化为自己这一次的满心期待，继而转化为下一次的硬性要求。例如，在某个特殊的情况下，妻子决定牺牲自己的享受，顺从丈夫，以他想要的方式进行性行为，那么，丈夫迟早会缠着妻子再来一次，直到她屈服为止。最终，一想到性，妻子就会害怕，因为对她而言，这实在不是一件愉快的事情。

最后，牺牲在婚姻中还可能会导致怨恨，故而效果不佳。如果我做了一些让自己不愉快的事来让乔伊丝获得她想要的东西，那么，我就会期待她的回报。如果她没有投桃报李，只有我一味地牺牲，我就会想，也许乔伊丝并不像我爱她那样爱我。我的怨恨日积月累，迟早会显露出来。

在需要双向奔赴的婚姻关系中，哪怕夫妻双方真的关心彼此，为对方牺牲其实也没有太大意义。我为什么要指望乔伊丝为我的幸福受苦，她又凭什么期待我为她受苦呢？我们都不应该把自己的快乐建立在对方的痛苦之上。唯有我们只关注一己私利又对他人漠不关心时，才会期望对方做出牺牲。所谓相互关心，意味着我们希望彼此都能够健康快乐，并且不愿看到对方受苦。

那么，婚姻中什么时候是需要牺牲的呢？我认为，共同努力、共同牺牲以实现一个有共同价值的目标，这才是有意义的。例如，我未完成的学业给乔伊丝和我带来了重重困难。为了完成我的学业，我们放弃了舒适的生活，甚至负债累累。但我投身学业是为了我们的共同利益，最终，学业的完成也的确补偿了我们的共同牺牲。

共同牺牲并不需要保密。这是在开诚布公的情况下进行的，夫妻双方都知道他们需要付出什么，也知道通过努力将会得到什么。共同牺牲有一个明确的结局，不会无限期地持续下去。由于这种牺牲是双方同意的，需要共同努力，并且对夫妻双方都有利，所以也不会因此产生要相互偿还的期望。

综上所述，我提出警告：夫妻之间要尽量避免个人牺牲。同时希望大家明白，牺牲策略对于那些相互关心的夫妻来说的确很诱人，但终归还是会赢了一时却输了全局。如果一方的受益以另一方的牺牲为代价，就赶紧停手别做。

如果夫妻双方能达成共识，认为彼此短期的牺牲可以给双方带来长期的效益，那么，只要在牺牲期间能够满足基本的情感需求，这样的计划实际上对婚姻还是有帮助的。

独裁者策略

牺牲策略从表面上看似乎还可以说是爱一个人的表现，而大多数以"谁输谁赢"来衡量问题解决与否的策略根本就不具有利他性。采取这类策略的人往往是彻头彻尾的自私鬼，他们从不会想着"我认输你就能赢"，而是反过来要求"你认输我才能赢"。毫无疑问，我们要避免使用这种会导致满盘皆输的策略。我将从主宰社会数千年的父权制角度来分析这个问题。我称之为独裁者策略。

你是独裁者吗？

如果你不确定自己是不是独裁者，这里有一些测试题能帮助你评估。

- 你是否曾经给你的伴侣下过具体做什么的命令？
- 伴侣的拒绝是否会让你感觉自己不被尊重，甚至会引发你的愤怒？
- 你是否曾警告过伴侣，如果不按你说的来，会有严重的后果？
- 在某些情况下，你是否会要求伴侣必须屈从于你？

测试你是不是独裁者，更有效的方式是询问伴侣你是否有过以上行为。独裁者常常会用以上方式作为他们的独裁策略。不过，当习惯了用强势的手段去完成某些事时，你会很容易沉浸在这种控制感中无法自拔，越发滥用这类策略，最后越会变得无法体谅和感恩你的伴侣。"这件事必须有人负责，否则就完不成了！"这句话将成为你惯用的辩解之词。

几千年来，婚姻中的所有重大决定都由丈夫一锤定音，这甚至已经成为约定俗成的规则。虽然丈夫可能会和妻子讨论一些问题，了解一下她的看法，但并不表示他会认可或接纳。最终的决定依然会以他的意志获胜告终。

不过，在最近几十年里，这种习俗发生了变化，至少在大多数西方文化中是这样的。不知你是否听说过或看过一部喜剧，名为《老爸最知道》（*Father Knows Best*）。当今的人可能想不通为什么会取这样的剧名。这部喜剧起源于 1949 年的广播剧，父亲被描绘成家庭中的国君。随着广播剧转变成电视剧，父亲的角色弱化了，但直到 1960 年的最后一集，父亲仍然是一家之主。

类似的喜剧《全家福》（*All in the Family*）上映时（1971—1979 年），全剧的主题是婚姻中新旧观念的对比。阿奇·邦克（Archie Bunker）作为传统的一家之主，与他软弱、糊涂的现代女婿迈克尔形成了鲜明的对比。该剧主题曲的名字《往日时光》（*Those Were the Days*）清楚地表明，在阿奇·邦克看来，在凡事都由男人说了算的时代，生活才更简单。

赋予女性与男性同等权利的文化变革姗姗来迟，其推行也显得困难重重。多年来，丈夫一直扮演着独裁者的角色。他们会为家庭做出最终决定，妻子则尽职尽责地服从。事实上，作为妻子，服从正是她们婚礼誓言中的一个关键承诺。

如今你很少会听到女性在誓言中提到"服从"这个词。大多数情况下，当今的婚礼誓言反映了婚姻中夫妻双方的平等关系。然而，旧习俗和传统并不会因此被立刻消除。直到今天，很多丈夫还在不断对妻子指手画脚。

"善意"的独裁者

当丈夫试图通过强加自己的意志来解决婚姻冲突时，本意并不是想伤害妻子和孩子。他通常会争辩说，他所做的决定是为整个家庭谋求最大利益。

不过，就算丈夫在这个过程中做出了个人牺牲，大多数现代妻子也不希望丈夫以此为由罔顾她们的意愿单方面做决定。她们希望与丈夫成为生活中的平等伙伴，其中也包括平等地做出决定。如果丈夫在没有征求妻子意见的情况下强行做出决定，妻子会认为这是控制和虐待，她并不想生活在丈夫的绝对权威之下。

再者，丈夫眼中善意的表达，在妻子眼中却未必是善意。如果最终决定不是夫妻双方都同意的，而是由丈夫单方面做出的，那这个决定很可能没有充分考虑到妻子的利益。我目睹了许多丈夫一意孤行，看似是为了家庭的最大利益，却给家庭带来了灾难。在这种情况下，如果妻子不勉强自己去屈从丈夫，能站出来及时喊停，或许一家人也就不至于遭殃。当夫妻双方就行动方案达成共识时，他们的决定通常要明智得多。

"伙伴关系"是现代婚姻中的一个关键概念，大多数女性都希望与丈夫共同做出决定。不管是否出自善意，一个在婚姻中什么都自己说了算的丈夫通常会被认为既傲慢又目中无人。女性会发声：凭什么让男人说了算呢？女人的判断难道不是同样明智的吗？有些时候，女人不是更加明智吗？

妻子当家

在 20 世纪 70 年代，女性被鼓励参加自信训练课程，以抵抗生活中的独裁者。这类课程的主旨是让女性学会直接说"不"，且不必解释原因。那个年代，多数女性还认为自己必须服从命令，尤其是丈夫的命令。教她们学会说"不"的课程被视为帮助女性掌控人生的第一步。

现如今，大多数妻子都脱离了不知道如何说"不"的境地。事实上，许多妻子也掌握了丈夫长期使用的传统谈判技巧，即独裁。她们把自己变成了独裁者。

在过去的几十年里，妻子若是专横，就会成为众人嘲笑的对象，掌管家庭的女性还会被贴上侮辱性的标签。但现如今，情况变了，这样的女性可能会被视为女中豪杰，没有人能对她指手画脚，她才是发号施令的那一个。

这类女性的丈夫往往会屈从于妻子的领导。比起挑战妻子咄咄逼人的处理问题的方式，他们宁愿简单地融入，息事宁人。当与妻子发生意见冲突时，这些丈夫会选择让步来维持和平。"只要你妈妈不开心，没有谁还能开心"，这句话被爸爸们挂在嘴边，他们会尽其所能地让妻子快乐，甚至不惜牺牲自己。对这些丈夫来说，他屈服于妻子的意志时不是在牺牲，而是在投降。

对决式策略

有些妻子服从丈夫的要求，有些丈夫在妻子掌权时也是这样，但更常见的反应是反击。夫妻之间的权力斗争在婚姻中实在太常见了，婚姻家庭咨询师因此开始鼓励夫妻"公平决斗"。不打一场就想解决婚姻冲突，在他们看来只是某种一厢情愿的幻想，而非一种真正可行的选择。

当你的伴侣试图掌控一切时，你通常能敏锐地察觉到。可当你自己试图这样做时，你却很难察觉这一点。所以，权力斗争在婚姻中变得司空见惯，孩子出生后尤甚。当乔迪和托尼在争论"夜里该由谁来带孩子"时，他们都在试图把自己的意志强加给对方，这让他们都成了独裁者。然而，这个策略的效果实在不太好。

现如今，还有谁能在婚姻中摆脱伴侣的要求？你是否也曾按照伴侣的要求做过什么呢？即便只是偶尔答应，我还是敢打赌你一定很反感这样做。我也敢肯定，你其实也会反过来向对方提出要求，至少会偶尔这样做。也许你已经意识到这个策略不太适合你，但你一直在努力让它发挥作用，因为你不知道除此之外还能做什么。

下一次，在你向伴侣提出要求时，不妨想象一下，如果对方也用同样的措辞和语气向你提出要求，你会作何反应？你更可能选择战斗而非屈服。大多数夫妻都会选择独裁的方式去解决冲突。他们想要把自己的解决方案强加给对方，而这通常会引发斗争。

无政府策略

几年前，我在翻阅一期《读者文摘》时，看到了迈克尔·古里安[1]写的一篇文章，题为《幸福婚姻的科学》[2]。文章的副标题特别耐人寻味："从本性来讲，男人和女人并非天造地设的一对。如何智胜我们的 DNA，过上幸福的生活？"

这篇文章的主题是夫妻在婚姻中必经的 5 个阶段：

- 浪漫；
- 幻灭；
- 权力斗争；
- 觉醒；
- 长久的婚姻。

浪漫、幻灭、权力斗争这 3 个阶段很好理解，但古里安所说的觉醒和长久的婚姻是什么意思呢？古里安解释说，觉醒是指夫妻双方逐渐意识到，浪漫只可能存在于关系伊始，如果想要长久的婚姻，他们必须放弃对浪漫婚姻不切实际的期待。只有觉醒，夫妻才能够建立长期的关系。

---

[1] 国际知名男孩教育专家，其著作《核心天性教养法》《男孩女孩学习大不同》《男孩的学习方式大不同》《男孩的思维方式大不同》《男孩的人生目标大不同》已由湛庐引进，分别由河南科学技术出版社、浙江人民出版社、天津科学技术出版社出版。——编者注

[2] Michael Gurian, "The Science of a Happy Marriage," *Reader's Digest,* August 2004, 151–55.

换句话说，在古里安看来，最好的婚姻是夫妻双方各行其是。古里安强调，夫妻双方应该各自去认识不同的朋友、找到各自的兴趣爱好、享受各自的假期……总的来说，就是创造独立的生活方式。夫妻需要意识到，只有尽可能少地干涉对方，才能维系婚姻。想要建立亲密关系，夫妻双方不可避免地要经历一场试图融合男女生活的非理性斗争，雨过天晴之后，他们终究会发现，在生活中依然保有独立才是婚姻存续的唯一途径。

古里安也许曾经像许多夫妻一样，在解决婚姻冲突时，尝过对决式策略造成的苦果。这种策略确实引发了没完没了、毫无结果的权力斗争。浪漫的关系演变成夫妻无法想象的最可怕的噩梦，曾经相亲相爱的恋人如今变成了刀剑相向的仇敌。

古里安因此认为，要维系婚姻，夫妻必须放弃保持浪漫关系的幻想，还要意识到，男性和女性根本不应该在任何时间里融合彼此的生活，因为他们实在太不一样了。独立决策才是婚姻矛盾的最终解决方案。

真相确实如此吗？这真的是每对夫妻都必须接受的现实吗？这是你想要的婚姻吗？

你可能已经发现，就像我们从乔迪和托尼的经历中总结的一样，对决式策略并不能解决婚姻冲突，反而会让情况变得更糟。也许男性和女性的差异真的太大，以至于不能指望他们融合彼此的生活。因此，你可能会选择尝试"各自为政"的方式。如果你的伴侣不想合作，那你维持婚姻的唯一希望就是独自行动。我将其称为解决婚姻冲突的无政府策略，而这也是个起不了作用的"单赢"策略。

好消息是，与古里安和一些人希望你相信的观点相反，这并不是你的婚姻必选项。坏消息是，绝大多数夫妻都是不见棺材不落泪、不到黄河不死心的，直到单赢策略让他们屡屡碰壁，才意识到要靠别的方法来切实解决问题。

对决的结果

让我们回到乔迪和托尼的婚姻冲突：到底谁该晚上起来照顾小埃米莉？

第一个孩子罗比出生时，托尼建议由乔迪夜里起来照顾孩子，因为相比乔迪，他的工作需要更高的投入度。一开始，乔迪心甘情愿地牺牲自己的睡眠，以便让托尼好好休息。但随着时间的推移，乔迪开始觉得这对她不公平。

第二个孩子小埃米莉出生以后，乔迪不再同意这样的安排，她认为托尼夜里应该和她轮流起来带孩子。但托尼拒绝了，并要求乔迪独自承担夜间照顾小埃米莉的责任。托尼成了独裁者。

刚开始的几天，乔迪也曾试着顺从托尼的要求，但最终她还是决定反抗。所以，当小埃米莉哭闹时，乔迪把托尼踹下了床，以表明自己的态度。她成了一个发起决斗的独裁者。

不出意料，对决式策略并没有解决乔迪和托尼的问题，反而引发了一场战斗。对于如何解决冲突，他们都坚持着自己的观点，并试图将观点强加给对方。每当小埃米莉晚上哭闹、乔迪拒绝起床时，托尼都会指责乔迪算不上贤妻良母；乔迪则反过来指责托尼自私自利，把照顾孩子的责任全部推到妻子身上。

指责逐渐升级，最后发展成声嘶力竭的辱骂，夫妻二人的大吼大叫惊醒了睡梦中的罗比。两个孩子都在哭，父母却根本听不到，因为他们争吵的声音太大，完全盖过了孩子的哭声。

那次吵架成了他们婚姻的转折点，至少对乔迪来说是这样。她得出结论：争吵毫无意义，因为它不能解决任何问题。于是，乔迪做了她认为最明智的选择：忽视托尼，自己当家作主。

对于眼前的冲突，乔迪决定，孩子们夜里哭闹的时候，她会自己起来照顾他们，不是因为托尼让她这么做，而是因为她希望孩子们能得到安抚。然而，下一次托尼想从她那里得到什么时，他会发现他也只能靠自己。

乔迪开始使用无政府策略来解决冲突——自己怎么高兴怎么来。一开始，托尼很高兴乔迪能让他晚上好好睡觉，虽然他知道乔迪很生气。但过了一段时间，两个人在感情上开始变得疏远，但他有重要的工作要处理，并没有时间去考虑和乔迪之间的问题。

但随着时间的推移，托尼越来越不安。乔迪过着自己的生活，却不会让托尼知道她在做什么、要去哪里。有些晚上，托尼到家后，乔迪就会出门，午夜后才回来。当托尼想知道她去了哪里时，乔迪会说这不关他的事。

当乔迪要离开时，托尼往往想要和她吵架，但乔迪不再像以前那样反唇相讥。她有自己的车，有自己的银行账户，有自己的手机……她不再和托尼讨论任何问题，包括她为什么拒绝性生活。托尼最终决定，为了避免离婚，他也应该采取同样的方法：随心所欲，我行我素。现在，他们都在使用无政府策略来解决问题，把婚姻逐渐推向了岌岌可危的境地。

那么，他们该怎么做才能力挽狂澜呢？这将是我们在第 4 章要探讨的问题。

04

如何找回日常的浪漫与新鲜感

在婚姻谈判中，采用单赢的策略，进而招致满盘皆输，造成上述结果的原因之一，正是夫妻双方压根儿就不会谈判。这样的策略通常无法解决冲突，因为失败方往往不会坦然接受结果，于是他/她要么争取在以后逆风翻盘，要么单独行动，把事情掌控在自己手中。无论是哪种情况，冲突都依然存在。

虽然经过一番争吵后，乔迪确实会起来照顾小埃米莉，并在接下来的几周都咬牙承担这项工作，但矛盾并没有解决。每当想起这个问题，想起这个所谓的"解决方案"以及敲定方案的方式，她都会咬牙切齿，对托尼产生了深深的怨恨。

苦涩的情绪在乔迪的心头萦绕不散，这是单赢策略产生的严重恶果：它摧毁了婚姻中的爱。我想用一个比喻来解释为什么会发生这种情况，该比喻旨在帮助夫妻双方理解为什么他们所做的每一件事、每一个决定都会影响他们对彼此的爱。这个比喻，我称之为情感银行。

情感银行

我们每个人心中都有一个情感银行，记录着自己与别人的情感，也记录着别人对待自己的情况。情感银行会为我们所认识的每一个人开一个账户，这个账户的余额取决于和对方在一起时的感觉。如果对方让我们感觉很好，"爱意金币"就会存入他们的账户；但如果我们在这个人身边感觉不好，"爱意金币"就会被扣除。感觉越好，存储的"爱意金币"就越多；感觉越糟，扣除的"爱意金币"也会越多。

情感银行中的存储额反过来也决定了情感。每个人的账户余额决定他／她是否有资格成为我们生活中的一部分。这种资格又决定了我们对一个人究竟是感兴趣还是不耐烦。当情感银行里某个人的账户余额为正，也就是存款多于支出时，我们的情感会让我们喜欢那个人，愿意花时间和他／她待在一起。但是，当某个人的账户余额为负，即支出比存款多时，情感也会反过来让我们不喜欢那个人，逃避与之相处。

在情感银行里，某个人的账户余额越大，那个人对我们的吸引力就越强烈。例如，某个人的账户积累了 200 个"爱意金币"，我们会对那个人感觉不错。另一个人的账户存了多达 500 个"爱意金币"，我们可能会把那个人当做最好的朋友之一。

在情感银行里，当一名异性的余额达到一个临界值，比如 1 000 个"爱意金币"时，就会发生一些特别的事情。情感会赋予我们额外的动力，让我们想尽可能多地和那个人在一起，甚至愿意与之共度余生。人们将这种不可思议的吸引力称为爱情。

当然，账户余额为负会产生相反的效果。在账户里的"爱意金币"所剩无几的情况下，如果仍然毫无节制地提取，情感银行账户很可能会出现赤字。比如，某人因为有讨人嫌的不良习惯导致在我们情感银行的账户余额为 -200，那么只要他 / 她在我们身边，即便没有做任何令人讨厌的事情，我们依旧会感到不舒服。当然，如果情感银行账户余额为 -500 的人出现在我们身边，我们会感到格外厌恶。我们从情感上希望能避开那些让自己感觉不好的人，而情感银行会通过让那个人失去对我们的吸引力来做到这一点。

当某个人的账户余额出现巨大缺口，比如说 -1 000 时，我们的情感会竭尽全力地鼓动我们远离对方。如果有人在情感银行里的账户余额降到某个临界低点，"讨厌"就会自动发生。

我们之所以没有和大多数人以成为仇人的方式终止关系，是因为我们会在他们的账户余额尚没有触及临界低点时就中断了与他们的联系。如果你和一个非常粗鲁无礼的人一起工作，你可以要求换办公室并尽可能避免和他 / 她接触。即便这个讨厌的人是你的邻居，你也可以尽力忽视他 / 她，甚至在必要时搬家。你可以逃离几乎所有让你心烦意乱的人，从而及时制止他们从你的情感银行里取款。

但是，在婚姻中，逃离并没有那么容易。日复一日，年复一年……如果你被迫和一个不断从情感银行账户里取款的伴侣在一起，终究会感到厌烦，久而久之，离婚似乎成了唯一的出路。曾经在情感银行里存款满溢时所感受到的浪漫之爱现在却变成了深入骨髓的厌恶。这一切都源于婚姻中一个极其重要的现实：

你和伴侣所做的一切都会影响你们对彼此的感觉。你们所做的点点滴滴，要么构建你们对彼此的爱，要么摧毁这种爱。

当然，一两次糟糕的经历可能并不至于葬送夫妻之间的爱情。但如果单赢的结果成了常态，由此产生的强大破坏力无疑会使婚姻岌岌可危。

由"谁应该起来安抚小埃米莉"而起的纷争使乔迪和托尼分别在对方的情感银行里取走了大笔存款。而每当乔迪起来照顾孩子时，这个决定本身也导致托尼在乔迪的银行中被扣除了更多余额。除此之外，遇到其他冲突，"扣除余额"的事情也会发生。比如有一次，托尼比乔迪下班早，他回家就玩起了电子游戏。当乔迪从托儿所接孩子回来后，托尼还在玩游戏，这让乔迪很不高兴。

"你明知道孩子们饿了，为什么还在打游戏，为什么不做饭！"乔迪大吼，"你是怎么当父亲的！"

托尼反击："至少我按时回家了。难不成你做了什么了不起的事情吗？少来教训我！"

"下班回家后谁该做什么"的问题不是第一次被提及了。乔迪和托尼几乎每个星期都会因为这个问题争吵，却从未就此事达成过共识。托尼希望乔迪能全面负责孩子们的生活起居，乔迪则希望托尼可以搭一把手，他们至今一直各执己见。于是托尼做了他认为正确的事：在一天的辛苦工作之后玩电子游戏放松一下。大多数女性读到这里都能感同身受地体会到乔迪对托尼的不满，因为她们在孩子还小的时候几乎全部经历过类似的事。而且，大多数女性也应该会认可我在本章中提出的主要观点：如果不能以夫妻双方都满意的方式解决冲突，那么夫妻对彼此的爱就会遭受破坏。

托尼做出的决定使他自己短暂受益，却牺牲了乔迪。托尼的一意孤行引发了乔迪的怨恨，进而导致托尼在乔迪的情感银行中被扣除了大笔余额。曾经令人难以置信的吸引力变成了排斥，因为他们没能在这场冲突以及其他日常冲突中实现双赢。

多存款，少取款

在乔迪和托尼恋爱的那段时间，甚至是在结婚的头几年里，因为生活相对简单，他们很少发生冲突。就算冲突真的发生了，他们也往往会选择自己退后一步、做出牺牲。他们也曾不惜一切代价让对方开心，即使这样做损害了自己的利益。他们发自内心地想为对方付出，因为他们的确深爱着彼此。他们会努力达成对方对自己的期待，也会尽力避开任何可能令对方失望的事情，他们会不遗余力地向彼此表达关心。但在第一个孩子出生后，他们肩上的责任成倍增长，生活也变得紧张起来。他们都指望对方能站出来收拾残局，却没有学会如何向对方寻求帮助。在刚安抚好老大又要转身照顾老二的时候，他们都觉得自己一心扑在照顾孩子上，却从未得到过来自对方的照料。他们都觉得自己付出的比得到的要多得多。意识到这些以后，他们也就不再愿意为对方牺牲，而是开始自私地一味向对方索取。

我们已经讨论过牺牲策略的一些固有问题：缺乏开放性；开创了不可持续的先例；期待对方也能以自我牺牲作为回报；当期待无法满足时会产生怨恨。除此之外，牺牲策略还存在一个更严重的问题：它能摧毁爱情。

你可能会认为在婚姻中靠牺牲奉献就能构建浪漫之爱。如果一对夫妻的冲突既不频繁又不复杂，那似乎的确如此，乔迪和托尼恋爱时就是这样。但当生活变得复杂，尤其是孩子降生之后，牺牲就是一种显而易见的失败策略了，因为它不会带来双赢的结果，而单赢的策略是无法解决冲突的。

当问题犹如无情的海浪一样砸向乔迪和托尼时，他们需要知道该如何快速、正确地处理这些问题。但由于他们没有吸取生活中的教训，对不可避免的情况也就毫无准备。

那些认为婚姻中的浪漫之爱会转瞬即逝、只存在于建立关系的头几年的人，应该花些时间与那些经历了一生浪漫之爱的夫妻相处。这些夫妻到底做了什么让他们的婚姻美好如初、浪漫常在？是因为他们的性格吗？是因为他们互为彼此的灵魂伴侣，天生一对吗？是因为他们都向对方许下了海誓山盟吗？还是因为他们学会了以维持彼此爱意的方式解决冲突呢？

　　我把乔伊丝和我 50 年来的婚姻称为极致的彼此关爱。在婚姻中，我们不会使用最常见的冲突解决策略，也就是那些因对抗导致爱情破灭或展开权力斗争的策略。相反，我们找到了建立关系和信任的解决方案：每当冲突出现时，我们都会寻求双赢的结果。

　　情感银行这个比喻可以帮助你理解如何才能终生相爱：尽可能多存款、少取款，让你在情感银行里的账户余额远远超过 1 000。我的另一本书《浪漫有对错》旨在帮助夫妻学习如何通过满足彼此最重要的情感需求在情感银行中实现超额存款。我还研发了两份问卷："情感需求问卷"（见附录 B）和"爱情破坏者问卷"（见附录 C）。这两份问卷能帮助你识别自己最重要的情感需求以及对夫妻恩爱最具破坏性的习惯。你可以将问卷放大，粘贴到一个文档里，这样就有足够的空间填写答案了。

　　在本书中，我将重点介绍让你的情感银行账户保持高余额存款的第三种方法：能够双赢而不是单赢的策略。想让双方情感银行的账户存款都丰盈，双赢是唯一途径。

05

如何制定双赢互利的策略

埃德已经完成了下一个房地产评估会议的所有文书工作，这时距离开会还有两个小时。于是，他决定利用这段空闲时间去买一台新冰箱。公寓里的那台还没坏，但那是他从祖父那里继承的燃气冰箱，已经用了60多年。

一走进电器商城，就有个售货员迎上来，询问他想买什么。他提到冰箱，售货员便兴高采烈地把他带到一排排形状各异、大小不一的冰箱前。

在找到一台尺寸、功能和特点都与他的要求相符的冰箱后，埃德问了售货员一个至关重要的问题：这台新冰箱与他的旧冰箱相比有什么优势？

售货员回应，新冰箱外观时尚、经济省电，还可以分格存储不同类型的食物，这样可以让特定类型的食物保持最新鲜的状态。他还提出了一个让人难以拒绝的提议："我们会帮您搬走旧冰箱，安装新冰箱。购买这台新冰箱会是您今年最正确的决定之一。当然，如果您不满意，那也没问题，在不超过两周的试用期内，我们会收回这台冰箱，并把您的旧冰箱放回原处，整个过程不收取任何费用。"

埃德同意了售货员的提议，兴高采烈地拥有了一台新冰箱。两周后，他对自己买的这台冰箱感到非常满意。

商业谈判者会做一些政客无法做到的事情：他们知道如何在考虑到对方利益的情况下进行谈判。做买卖时，对方是你的客户，是你成功的基本要素。如果像查理·韦弗说的那样，你的目标是让客户"有点儿高兴，同时也有点儿恼怒"，那你会失去太多的生意。

销售人员与客户谈判的目标是让客户愿意以对公司有利的价格购买产品。这样双赢目标的达成在全世界每一秒钟会发生很多次。既然一般企业都能做到双赢，为什么一般的婚姻却做不到呢？

为什么夫妻会抗拒双赢的目标

在商业活动中和婚姻中实现双赢最为理想，这一点没有人会反驳。但正如我已经指出的，有些人认为试图在婚姻中实现这一理想是不道德、不可能或不切实际的。他们认为男女之间的浪漫关系本身就已经把双赢这个解决方案排除在外了。

问题通常始于人们对牺牲策略意义的误解：一方愿意输，以成全另一方的胜利。这作为一种证明"你在乎"的方式由来已久，也是大多数浪漫关系开始的方式。它让你在潜在伴侣的情感银行中的账户余额得到初步提升。这很像企业推出新产品的方式：大幅降价销售，甚至赠送，让潜在客户了解企业能为他们做些什么。伴侣在恋爱初期都希望有机会了解对方，因此他们常常会牺牲自己的利益，以此来激励对方花时间和自己在一起。当初，我打电话给乔伊丝想约她出来时，她甚至没等我告诉她出来做什么就欣然应允了。

在这一点上，商业关系和浪漫关系是不一样的。在商业关系中，最初赠送的产品过后会被定价，为公司提供利润并为客户提供价值。然而，在浪漫关系中，牺牲会被一直期待，因为它往往被视为浪漫的栖身之地。

幸运的是，我的婚姻中，在说完婚姻誓言之后，乔伊丝就不再会为了和我在一起而牺牲自己的利益。如果我们要出去约会，她在同意之前会先问问要去哪里。如果她对我的提议不感兴趣，就会提出她感兴趣的替代方案。牺牲策略就像在所有浪漫关系中的结果一样，在我俩的婚姻中走到了尽头。

为什么说这对我俩的婚姻来说是幸运的呢？因为我们因此而被迫开始遵守企业的做事原则：为冲突找到双赢的结果。

当然，我俩本可以选择大多数浪漫关系所遵循的道路：一家独大、争做独裁者或互不干涉的无政府状态。久而久之，我们便会理想幻灭、爆发权力斗争、失去对彼此的爱……最终以离婚或永久分居的形式分道扬镳。

但我们没走那条路，这也是我们在结婚 50 年后仍能保持浪漫关系的原因。我相信，每对夫妻都可以学习如何在考虑到彼此利益的情况下化解矛盾，通过这样的方式，和我们一样走上美满的婚姻之路。只要他们开始学习这个方法，就会发现双赢策略能化解所有的冲突。

共同协商原则

为了帮助夫妻找对目标，我要求他们制定目标时要考虑一个原则：双赢。我称之为共同协商原则（Policy of Joint Agreement, POJA）：在能够跟伴侣热情地达成共识之前，先别做任何事情。每当夫妻面临矛盾时，达成共识就成为谈判的目标。换句话说，他们都要赢，否则就得继续谈判。

只要你遵循共同协商原则就一定能以正确的方式解决冲突，这强调了夫妻间不仅要相互关心，还要兼顾双方的利益。以这种方式做出的最终决定通常比你单枪匹马做出的决定要明智得多。联合起来做出决定，你能够拥有更多的选择，还能够考虑更多的因素。

来访者第一次听我介绍这条原则时通常会先后作出两种不同的反应。对伴侣在做决定前要征得他们同意这个提议，人们的第一个反应往往是："如果这意味着丽莎在做决定前必须先问问我是怎么想的，那真是太棒了！我很想了解她生活中的事，但是如果我真的知道了的话，可能她的大部分决定我都不会认可。如果她能提前告诉我她的计划，并给我否决其中一些计划的权利，我想我们之间的相处会更加愉快。"

但没过多久，第二个反应就会出现。当他们被要求在做任何事情之前先征得伴侣的同意时，他们会说："让丽莎否决我想做的事真的太荒谬了。有时她根本就理解不了，我无法避免地要做出她不喜欢的决定，她的感受不应该阻碍我实现个人目标。"

这就涉及共情力的问题了。谁都希望伴侣能顾及自己的感受，因为伴侣对我们所做的一切都影响着我们的体验。但换作我们要对伴侣做些什么时，却又无法直观体验他们的感受。如果我们和伴侣在情感上相互联结，以便感受到彼此所做的一切，那么我们的行为就会大不相同。我们会希望提前知道自己的行为将如何影响对方，这样就可以避免给彼此带来不舒服的感受。

倘若没法建立这样的情感联结，共同协商原则更是你的最佳选择。它迫使我们提前明晰双方的行为将如何影响彼此。虽然我们无法真正感觉到对对方的影响，但它还是会让我们表现得好像能感同身受一样。

为什么要"热情"地达成共识？

在大多数婚姻中，即便是达成一个简单共识都可能充满挑战。那我为什么还强调要"热情"地达成共识呢？这个要求岂不是让本来就难以实现的目标更不可能实现了？

除非你们的共识是饱含热忱的，否则那只能算是勉强达成一致，是夫妻一方为了和谐相处而委曲求全地满足另一方而已。在这种情况下，不情愿的一方非但没有赢，反而输了。

"勉强达成一致"不仅让夫妻中的某一方在约定中吃了亏，还可能会导致这个约定无疾而终。你是否曾与伴侣有过某些约定但最终却不了了之？你的伴侣是否曾答应为你做一些事情，却没了下文？这种未能贯彻到底的事情往往是勉强达成一致的结果。其中的原因是：在达成约定时，伴侣可能会迫于压力而勉强同意；但到了真正行动时，他／她会缺乏动力去完成。这种行为不仅令人沮丧，而且让约定本身变得毫无意义。

热情的共识可以解决这个问题。当一项共识兼顾了夫妻双方的利益时，后续行动就不再成为问题。因为约定本身值得信赖，夫妻双方又都能由遵守承诺获得最大利益。

"你感觉怎么样？"

共同协商原则能让你对伴侣的感受变得敏感，尤其是在你本身缺乏这份敏感的时候。因为你做任何事情之前都要征得对方热情的认同，这就迫使你不得不问对方一个非常重要的问题：你对我想做的事是怎么想的？

这个简单的问题及其答案可以帮助你建立对伴侣至关重要的了解。你可能没法真正地对伴侣感同身受，但至少给了他/她向你倾诉感受的机会。即使你不想考虑那么多，共同协商原则也会迫使你站在对方的位置思考。

你们现在是一个团队，而非两个独立的个体。作为人生伴侣，你们应该共同努力实现同时对双方有利的目标。凭什么其中一个人可以让自己的利益粗暴地凌驾于另一个人的利益之上呢？这样的利益倾斜是婚姻的灾难。如果成员互相拉扯，团队就无法存活。

我曾遇到一对陷入婚姻危机的夫妻，他们过着对彼此视而不见、听而不闻的生活，经常做出轻率的决定。究其原因，他们根本就不在乎对方的感受。因此，当我向他们提出共同协商原则时，他们认为那是无稽之谈。因为他们的生活方式充满了不体谅对方的习惯行为，这项原则似乎与他们的生存之道格格不入。

一开始，这对夫妻中的任何一方都不想放弃他们本来的生活方式。但我要求他们尝试几周时间，他们越是努力去遵循政策，就越容易达成共识。他们用"考虑到彼此感受的决定"取代了"轻率的决定"，继而发展出了真正的兼容性，创建了双方都舒适的生活方式。

我想你已经明白了。轻率的行为为什么会毁掉婚姻？它不仅导致情感银行中的情感账户被大量取款，破坏了浪漫之爱，还证明了夫妻双方并非真正关心彼此。如果他们真的相互关心，就会为对方着想，就会在做决定之前先考虑对方的感受。

难怪那么多人对婚姻大失所望。如果乔伊丝在做决定时忽视我的感受，我也会失望的。但事情不该如此，这不是婚姻该有的样子。通过共同做出决定，乔伊丝和我都展示了对彼此的关心，因此，我们的婚姻一直很美满。

当夫妻双方承诺会通过遵循共同协商原则来与对方分享控制权时，他们的生活会开始变得融洽，他们对彼此的爱意也会逐渐加深，因为他们正在采用我所说的双赢策略解决他们之间的冲突。

双赢策略：有效且唯一合理的决策方式

双赢策略摒除了我们讨论过的牺牲策略、独裁者策略、对决式策略和无政府策略这4种策略的缺点。双赢策略可以化解冲突，它不会摧毁而是能够创建浪漫之爱，是夫妻之间唯一合理的决策方式。但它很难实施，也很复杂，需要训练、创造力和耐心。

在第6章中，我将列举并说明你应该接受的训练，这些训练将使你获得解决婚姻冲突所需的技能。遵循这个训练计划，你最终会发现自己解决了一些持续困扰你的婚姻矛盾。这些解决方案将帮助你的婚姻变得如你所愿。

06

如何找到适合双方的沟通方式

我希望现在的你能确信，双赢应该成为你解决婚姻冲突的目标，但你可能仍然不太确定如何才能真正达成一项热情的共识。在婚姻谈判中采用双赢策略很难，但是它会使你因考虑他人的利益而获得回报，所以，为之付出努力是值得的。

与前文提到的几种谈判策略不同，双赢策略的目标是相互体谅，它能够融合两个人的生活，而不会因为双方忽视婚姻的意义导致夫妻关系破裂。

如果想在彼此的兼容和爱意中成长，你必须采取的第一步是接受共同协商原则，并将其作为你们共度余生的准则。依据这个准则，你可以向伴侣提出一个问题："你对我想做的事是怎么想的？"或"你希望我能为你做些什么？"

倘若你收到的回答类似于"我没心思谈这些"，共同协商原则会为你提供两个选择：要么放弃，要么另寻他法，因为你的目标是获得伴侣热情的认同。而谈判恰恰就从这里开始。

通过练习，你和伴侣可以成为谈判对手，并从对方那里得到想要的东西。一旦你同意这个原则，公平有效的谈判将成为你的生活方式，同时，你会放弃原来使用的那些会引发争吵或毁灭爱情的策略。

一开始，你可能会觉得问伴侣"你感觉如何"这样的问题很奇怪，甚至很滑稽。这在意料之中，新行为刚开始时往往会看起来很尴尬。然而，这个问题是生活中每一次公平谈判的核心，你必须强迫自己提问，直到成为一种习惯。到那时，你就会觉得这么问再自然不过了。不过，即便同意遵守共同协商原则，你可能也搞不懂这样的提问与"热情地达成共识"两者之间有什么关系，也可能无法获得太多有效谈判的经验。

因此，我建议你像大多数成功的谈判者那样，在学习过程中遵循一个循序渐进的顺序。我先介绍有效谈判的基本准则，并让你试着依此解决像购物这类不带情绪的简单冲突。在你掌握了这些基本准则后，我们再解决你面临的真正冲突。

成功谈判的 4 个准则

准则 1：制定基本原则，让谈判愉快且安全

大多数夫妻都觉得讨论冲突的过程就像穿越雷区。他们之前也努力过，但通常徒劳无功，在谈判中除了失望和痛苦一无所获，于是再也不愿尝试。

由于冲突发生时谈判势在必行，那么谈判理应成为双方愉快而安全的体验。因此，在开始谈判之前，请先制定一些基本原则，确保双方能享受谈判的过程。

为了帮助你实现好的结果，我提出了三个基本原则：

在整个讨论过程中尽量保持和善愉悦。冲突容易引发负面情绪反应，有些人甚至会情绪失控。但只要练习，你可以像大多数谈判者一样学会在逆境中保持乐观。你可能会认为冰箱销售员的情况与你完全不同，他可以在情感上与工作保持距离，比你处理婚姻冲突要容易得多。但请相信我，无论是商业领域还是婚姻领域，有效谈判都需要保持微笑。

将安全放在首位，不要在谈判时提要求、不尊重对方或表达愤怒。一旦你说出了你想做什么、你想让对方做什么或你有什么困扰，把你的诉求摆到"谈判桌"上，你就进入到了谈判中最危险的阶段。如果对方感觉到被伤害了，他／她不仅无法理解你的诉求，还会想要报复。请尽量克制住自己的表达，不要在谈判时提要求、不尊重对方或表达愤怒，否则你的伴侣会难以自控地重拾对决式策略，将谈判变成争论。但如果你能让双方都远离自己的攻击本能，那么智慧会帮你们找到双方都需要的解决方案。

无论谈判陷入僵局、不知道该如何推进，还是你们中的一方开始提要求、不尊重对方或表达愤怒，都请停止谈判，稍后再继续。当下无法解决并不意味着你们在未来找不到解决冲突的明智方案。不要让僵局阻碍思考，让子弹再飞一会儿，你将会为自己所思所想的成果感到惊叹。

如果谈判恶化，请暂停一会儿，换一个愉快的话题。在短暂的停顿之后，冒犯他人的一方可能会道歉并希望回到之前那个令人不快的话题。但是，在把"雷"排完之前不要重返现场。

准则 2：从双方角度去识别冲突

一旦制定了能保障讨论氛围安全、愉快的基本原则，就可以开始谈判了。但是，从哪儿谈起呢？首先，你需要先陈述冲突，然后试着从你和伴侣双方的角度去理解这一冲突。

大多数夫妻在没有做好功课的情况下就进入了谈判环节，他们没有完全搞清楚冲突是什么，也不了解双方对此的看法，有时候甚至都不知道自己究竟想要什么。

所以我建议，至少在第一次学习如何以正确的方式解决冲突时，每个人准备一个笔记本或智能手机来记录自己所了解的关于冲突的所有信息。在第一页陈述问题，你想做什么，或你想让伴侣为你做什么。然后，在接下来的几页中描述双方对于冲突的看法。你可以在每一页的顶部画一个笑脸，提醒自己要保持愉悦。在空白处提醒自己要避免提要求、不尊重对方或表达愤怒。你可以在"婚姻谈判工作表"（见附录 A）中找到笔记内容布局的示例。你可以用这个工作表作为指南，找到双赢的解决方案，解决你所面临的冲突。

尊重是谈判成功的关键。这在信息收集阶段尤为重要。在理清问题并听取了彼此的观点后，请试着相互理解，而不是试图去辩论谁对谁错。请记住，你的目标是双方热情地达成共识。如果你因为对方的观点不符合你的预期而抗拒，那么目标将沦为一纸空谈。也许你们最终能在互相尊重的前提下改变观点，但前提条件依然是你们能彻底地理解对方的想法。热情地达成共识的唯一方法就是找到一个能同时兼顾双方观点的解决方案。

最后这一点非常重要，换句话说：如果不能兼顾双方的观点，你们将无法解决问题。在这个谈判阶段，你只需要收集信息，这能帮助你了解如何让伴侣开心。如果你拒绝接受伴侣提供的信息，势必会忽视掉很多事实。你不应该打断对方或试图说服对方，甚至不应该有任何不尊重对方的言行举止，例如翻白眼。

如果你的目标是与伴侣热情地达成共识，那以正确的方式进行谈判会容易得多。这个目标对那些以削弱对方为目标的策略有明显的抑制作用。只不过，有些夫妻在讨论问题时，如果没有处于提要求、不尊重彼此或愤怒的状态，反而会显得有些无所适从。这是因为他们已经习惯了成为独裁者，他们甚至会认为，尊重对方是不自然的、虚伪的。在真正学会以"更深入的理解"为基础来进行沟通和谈判前，他们难免还会觉得彼此的交流似乎都浮于表面、不够深入。

你和伴侣有类似的感觉吗？如果有，请记住，通过练习，本着互相尊重、共同协商的原则来处理冲突会自在得多。你们将学会互相提问，这不是为了让对方尴尬或证明对方有错，而是为了更全面、更透彻地了解如何才能让彼此快乐。当你认为自己掌握了思考双赢解决方案所需的信息时，就可以为谈判的下一步做准备了。

准则 3：找到双方都能接受的解决方案

你们已经为谈判制定了基本原则，理清了问题，了解了彼此的想法，也已经准备好进入强调创意的部分，也就是寻找双方都能接受的解决方案。我知道，如果你和伴侣的关系已经陷入了水火不容的境地，走这一步似乎是天方夜谭。但是，想恢复兼容性必须从某个地方开始，所以只要你下定决心去做，肯定还是能找到让双方都满意的解决方案。

你可能会因诱惑而牺牲自我、向伴侣的愿望屈服。但正如我前面提到的，这种方法最终会给你带来麻烦，不是一个双赢的结果。你们的目标应该是彼此都幸福，而不是以牺牲一方为代价。

"如果他真的爱我，就会同意我这样做。""如果他真的关心我，他会为我这样做。"这样想事情，你们的关系不会长远。婚姻中极致的彼此关爱是互相的，这意味着夫妻双方都希望对方快乐，都不愿意看到对方不快乐。如果你真的关心伴侣，就永远不应该期待甚至接受一方做出牺牲，更不应该以此作为解决问题的方法。

牺牲策略的背后其实有个非常微妙的逻辑："如果你下次让我做我想做

的事，那么我这次就让你做你想做的事。"比如，你今天下班后想和朋友出去聚会，留下伴侣在家独自照顾孩子，那么，你也应该找一个晚上自己带孩子，这样你的伴侣就可以和他 / 她的朋友出去聚会。但如果一方的快乐是建立在另一方的不开心之上，这就不是一个双赢的局面。一旦你们达成了这个协议，它很容易变成一个会导致关系逐渐瓦解的习惯。在夫妻双方都不痛苦的情况下找到解决方案不是更好吗？只需要一点创造力，你们就可以找到同时让双方都开心的方法。

大多数夫妻不知道如何在婚姻中达成双赢。他们所谓的公平观念其实不过是夫妻双方平等地受苦罢了。

暂且抛开牺牲和痛苦不谈，你们其实已经可以开始进行头脑风暴了。想法的数量往往比质量更重要，所以，请让你们的思维自由奔跑，思考任何能同时让双方满意的方法。尽情发挥创造力时，你更有可能找到一个长效的解决方案。以下是一些头脑风暴的建议：

- 请在全天都随身携带你的笔记本，以便随时随地记录解决方案的思维火花。
- 在想到改进方法时，请及时修改条目。
- 请试着跳出条条框框去思考，想出一长串你和伴侣可以通过热情地达成共识来解决冲突的办法。

准则 4：热情地达成共识

经过头脑风暴，你手上有了不同角度的解决方案，这些方案有好的也有不好的。好的解决方案应该是你和伴侣都认可的。以牺牲一方的利益为代价来顾及另一方的感受的解决方案很糟糕，最好的解决方案该让你和伴侣都能饱含热忱。

如果你在处理冲突时就知道必须顾及彼此的感受，那很多问题都能迎刃而解。究其原因，是你能清楚地意识到双方需要做什么才能达成共识。与其琢磨那些显然不符合伴侣最佳利益的选择，不如多琢磨一下能让双方都高兴的选择。

再好好想一想我们上文提到的那个问题：你想下班后和朋友出去聚会，留伴侣在家独自照看孩子。在你遵循共同协商原则之前，很有可能只会打个电话，告诉伴侣自己要晚点回家，或者更糟糕，连电话都不打一个。但现在的你会意识到，如果想让伴侣对你保持爱意，你必须在这次聚会前先和伴侣热情地达成一个共识。这样做可能会限制你选择的自由，但从另一个角度来看，它保护了伴侣免受你轻率行为的伤害，进而维系了你们对彼此的爱。

也许在你向伴侣表达诉求之后马上就会听到对方的反对意见。伴侣可能会认为自己在家和孩子斗智斗勇，而你却在外面逍遥快活，感觉很不是滋味。伴侣还可能认为，夫妻应该一起参加娱乐活动。作为回应，你可能会在有准备的前提下建议伴侣把孩子交给你的父母（你可能会提前打电话给他们安排好一切），然后让伴侣和你一起出去聚会。

如果伴侣欣然同意，那么危机解除。你的父母帮忙带几个小时孩子，而伴侣会到你和朋友约好的地方与你们碰面。其实，如果下班后与朋友外出成为日常活动，你可以提前做好计划，安排好孩子的托管事宜。

开始谈判

阅读这 4 个准则并不难，但将它们付诸实践对你来说将是不折不扣的挑战。正如我之前所说，双赢策略并不容易，但它是能真正解决矛盾并让你们彼此相爱的唯一方法。

为了帮助你开始将这些准则应用到冲突中，我建议你进行以下练习。练习不需要笔记本，因为每个冲突都相当简单。练习的目的只是帮助你学会在无法达成共识的时候开始为对方着想。

撇开孩子，夫妻二人一起去购物，花大约 15 ～ 30 分钟的时间挑选出你和伴侣都想要的商品，将其放进购物车里。这次购物的目的是引导你做出令双方愉快的选择，因此，完成挑选练习后，你不需要真的购买那些商品。我之所以建议在百货店进行购物练习，是因为那里有很多不同的选择，你一定会找到一些你们都喜欢的商品。

请确保购物车里的每一件物品都是经过双方达成共识而选择的。如果你们想要创建一种愉快的生活方式，就要培养一个非常重要的习惯，那就是要互相询问彼此对每个问题的感受，直到达成共识时才做出决定。

还有一种完全可取的方法，就是试着通过让一方尝试新事物，进而让双方达成共识。如果对方不确定自己会对该物品有何反应，"试试看，你会喜欢的"是一种合理的谈判策略。如果对方愿意试试该物品，请将其带回家使用或品尝一下。如果对方在使用或品尝过后觉得可以接受，下次练习时就将该物品添加到购物车中。如果对方不能接受，那就排除掉这个选项。同理，一方可以热情地去尝试伴侣喜欢做的事，看看自己对此会是什么反应。但是，如果热情在尝试后消散了，那么这次试验的选项就应该排除掉。

当你认为自己已经在购物方面掌握了如何达成热情共识的诀窍时，就可以开始试着解决一些你之前搞不定的实际冲突了。这回我建议你多准备些笔记本来记录相关信息，而你很可能会惊讶地发现，共同协商原则在你的生活方式中扎根的速度竟然能有这么快。

熟能生巧

只要你遵循我提出的 4 个准则，谈判就会是一种让双方了解彼此的愉快方式。当达成一个双方都满意的解决方案时，你们会在彼此的情感银行中存入大量资金。共同协商原则不仅可以帮助你成为杰出的谈判者，还可以维系你们对彼此的爱。

如果你和伴侣发现自己表现得更像独裁者而不是爱人，那么转向成功的谈判就变得迫在眉睫。

虽然这4条准则看起来似乎太多了，难以记住。但幸运的是，一旦你们养成了谈判的习惯，只要出现问题，就很容易按部就班地一一解决。这就像学习打字一样，一开始我们可能觉得这项技能一定很难掌握，但随着练习，它最终甚至会变成一种本能。

我经常观察自己的婚姻，发现乔伊丝和我在一起的每一个小时都会发生冲突，但几乎每一个冲突都能快速得到解决，我们会热情地达成共识。当两个截然不同的人生活在一起时，冲突是在所难免的。既然如此，知道如何愉快和安全地解决这些冲突，对美满的婚姻是必不可少的。

当你成为寻找双赢解决方案的专家时，就会了解乔伊丝和我都深知的一点：我们都需要彼此的观点和判断，那能让我们在生活中获得满足。

在本书的第二部分，我将介绍婚姻中最常见的5种冲突。等你阅读完这些例子、了解如何解决这些冲突后，就有机会去练习如何进行谈判了。练习得越多，解决冲突就越容易、越快速。

但在你开始学习如何解决婚姻中最常见的5种冲突之前，还需要知道一些遵守共同协商原则时可能会碰到的重要特例。虽然为婚姻冲突找到双赢的解决方案应该成为你的目标，但在某些情况下，依照共同协商原则的默认条件，在热情地达成共识之前什么都不做却可能并不安全，甚至还可能有危险。我将在后文对此进行介绍，在这些情况下，你要学会保护自己。

07

当共同协商原则失灵时怎么办

共同协商原则告诉那些夫妻，他们做的几乎所有事情都会影响到彼此，而其中最明智的选择是那些考虑到彼此感受和利益的选项。换句话说，婚姻问题以双赢结果解决远胜于单赢。共同协商原则时刻提醒着夫妻们这个事实。

永远不要做任何你和伴侣没有热情地达成共识的事情。

双方热情地达成共识，这无疑是一个理想的结果。但有过婚姻冲突经历的人都清楚，这往往很难。但是，因为一直无法达成共识就对问题置之不理的行为可能会令人不快，甚至还会引发灾难性的后果。

考虑到这些危险的后果，我建议大家考虑下面的选择：

- 如果不采取任何行动会将伴侣的健康或安全置于危险之中，请不要犹豫，先抛弃共同协商原则。

- 当夫妻中的一方正在遭受身体或情感虐待、背叛以及遗弃时，遵循这些规则毫无意义。

- 在危险的情况下，自我保护比体贴对方更重要。

如果夫妻中的一方遭受另一方施加的身体虐待，受害者应向当地相关部门报告伴侣的虐待行为，并与伴侣分开以保护自己，即使施虐方不同意也要如此。遇到伴侣出轨或吸毒的情况也应当如此处理，即便遭到反对也不要屈服。

除了健康和安全问题，婚姻中还会出现一种情况：当你不乐意满足伴侣的某种情感需求时该怎么办呢？共同协商原则能让你摆脱困境吗？或者说，即使你对满足对方的重要情感需求没有热情，你也有义务满足他 / 她吗？当你真正理解共同协商原则的目的时，就能自然而然地找到这些问题的答案。共同协商原则是一条规则，它可以帮助你通过相互关心和考虑彼此的利益来解决冲突。在满足该规则的默认条件前，也就是在"热情地达成共识前"，什么都不要做。这一原则不是让你一刀切式地搁置所有暂时无法达成共识的冲突，消极怠工不是正确举措，你应该在秉持这个原则的前提下努力寻找解决方案。

如果你读过我的书《浪漫有对错》，就会知道，我非常强调伴侣之间要满足彼此最重要的情感需求。"不满足"不应该成为婚姻中的一种选择，但我同时也强调相互热情地满足彼此情感需求的重要性。那么，当夫妻中的一方不乐意满足另一方的某种情感需求时又该怎么办呢？其中一方可能需要尝试不情愿地做一些事情，把这样的尝试当成计划的一部分，去找到令人愉快的结果。但这种尝试不应持续太久，要么将这种尝试立即转化为承诺，要么夫妻重新开始头脑风暴，寻找其他方法。

我曾经做过一份装信封的工作，这是一项平凡而重复的任务。一开始我巴不得这份工作能早一点完结。大约三周后，项目结束了，我却开始怀念这份工作。工作期间，我不断完善装信封的技巧，后来装得又快又几乎毫不费力。我还和一起工作的同事成了朋友。从那份工作开始，我学会了享受我在大学期间的大部分工作。

夫妻在学习满足彼此的情感需求时也是同样的道理。我们以性满足和亲密对话为例。大多数男性都渴望性满足，而大多数女性都渴望爱与关怀、亲密对话。丈夫不能理解为什么妻子会放弃性满足的机会："性生活有什么难的？"妻子想知道为什么丈夫会拒绝提供爱与关怀、亲密对话："给我一个拥抱，和我聊一会儿，这有什么累人的？"

显而易见，问题就在于男女最享受的东西不同。并不是说女人从不享受性满足，也不是说男人从不享受爱与关怀、亲密对话，只是他们通常不会像对方那样沉迷其中。

那么，如果妻子并不像丈夫那么热衷于性满足，她是否应该放弃共同协商原则去满足丈夫的需求呢？如果丈夫不像妻子那么享受爱与关怀、亲密对话，他也应该努力满足妻子的需求吗？不惜一切代价让自己的情感需求得到满足的伴侣是不是自私和冷漠呢?

所谓自私,是指一方以牺牲另一方的利益为代价。为了满足情感需求而违反共同协商原则的问题则不仅是自私,它还抑制了不情愿的一方在未来满足这种情感需求的能力。你越不喜欢做一件事,就越不可能再做一次。如果丈夫或妻子希望他或她的情感需求能经常得到满足,就必须让伴侣有热情去做这件事。同样地,他们在做一些自己不渴望的事情时,也必须能享受其中。他们必须学会做我做的事情:虽然我不需要,但我会试着去享受装信封的快乐。

当你对某些事没有情感需求时,如何做到享受其中

生活中有两种主要动力。最强大的动力是享受做某件事,第二强大的动力是享受某件事的结果:结果越接近你的目标,你就越有动力。

因此,无论你们期待的是性满足、爱与关怀还是亲密对话,如果一方对此没有非常强烈的情感需求,另一方就有责任确保这件事的过程能令人身心愉悦,结果也令人高兴满足。否则,需求较小的一方会想出一大堆借口来逃避。

假设你的伴侣想要做爱,而你这时太累了,对此毫无想法,你是应该即刻满足伴侣的需求,即使这样做违反了共同协商原则,还是应该等你有热情

之后再去做这件事？

正如我在上一节提到的，你可以充满热情地尝试一些新东西，看看它是不是一个令人愉快的解决方案，即"试试看，你会喜欢的"这种解决冲突的方法。但话说回来，在你几乎无法保持清醒的时候过性生活，这能成为临时计划的一部分吗？我很怀疑。这更有可能成为"让伴侣不再打扰你"或"停止内疚"的一种方式。

你可以帮助伴侣了解对于性生活你最喜欢的是什么，以及在什么情况下你会最享受，你也许可以同意在自己疲惫困倦时尝试一下。你也可以建议伴侣在性生活之后满足你的情感需求，比如爱与关怀、亲密对话，这对你来说是一个愉快的结果。

一开始，你的提议可能不会完全按计划进行。你的伴侣可能需要更好地了解如何让你感到愉快，随之而来的爱与关怀、亲密对话也可能需要改进，所以你不一定会那么享受这个过程。但如果伴侣最终满足了你的重要情感需求，你会发现自己和伴侣一样热衷于性满足。

你们的目标应该是双方在热情一致的前提下满足彼此重要的情感需求。通往最终结果的道路可能会让你暂时不那么快乐，因为你正处在寻找满足彼此需求最佳方式的过程中。

伴侣在没有被激励的情况下是很难有动力去满足对方的情感需求的。

他 / 她既无法享受满足需求的过程，也无法享受满足需求的结果。

这样的说法被很多人当成一种侮辱，他们会这样想："我为什么要因为伴侣为我提供性满足 / 爱与关怀 / 亲密对话而奖励他 / 她？如果伴侣真的在意我，难道他 / 她会因为没有回报而拒绝满足我的需求吗？"

你也许会观察到，不管多在意对方，在这种思维方式的影响下，你其实都很难去满足对方的情感需求。用短期的牺牲来实现长期的互惠是有意义的，但有个前提，你的终极计划是形成相互享受和相互奖励的状态，否则这个计划行不通。因为暂时的牺牲会变成永久的牺牲，而这也会引发你们对满足彼此情感需求的反感。一想到这，你就会感到厌恶。

满足对方情感需求的最佳奖励是什么？是对方也能满足你的情感需求。如果你们中的一方渴望性满足，而另一方渴望爱与关怀、亲密对话，那就把它们结合起来。让性满足成为爱与关怀、亲密对话的奖励，让爱与关怀、亲密对话成为性满足的回报。

另外一些重要的考虑因素是实现性满足的方式、如何表达爱与关怀，以及你想谈论什么。大多数情况下，对性满足需求低的是妻子，对爱与关怀、亲密对话需求低的是丈夫。因此，如果丈夫想要更多的性满足，妻子想要更多的爱与关怀、亲密对话，他们都必须致力于满足对方的需求，这可能意味着要暂时违反共同协商原则。而在尝试期间，需求较大的一方有责任学习让需求较小的一方享受这种体验。当他们领悟了这个道理时，就能满怀热情地满足彼此的情感需求了。

当你们发现无法满足彼此的情感需求时，不要让问题一拖再拖却不去解决，而要努力想出一个能解决问题的计划。记住，如果你想让自己的情感需求得到满足，就必须让伴侣乐于满足这些需求，并因此获得回报。不要陷入"这是伴侣欠我的"或"我不应该想要回报"的错觉。还要记住，如果伴侣在满足你的需求时感到不愉快，他／她以后继续做此事会更加不情愿。

如果你在"情感需求问卷"（见附录 B）中的回答表明你需要帮助，以便能学习如何满足对方最重要的情感需求，请阅读《浪漫有对错》这本书。

He Wins, She Wins

第二部分

婚姻中的 5 种常见冲突

既然了解了在婚姻中进行有效谈判的目标和规则，那接下来，你就可以着手解决夫妻间最常见的一些矛盾了。

　　解决婚姻冲突的方式，我们再怎么强调它的重要性都不为过，因为它决定了你的婚姻是成功还是失败。婚姻中有 5 种常见的冲突，无论哪一种，只要采用我所提议的谈判策略，你不仅能让彼此都得到尊重和理解，还有可能找到最明智的解决方案。

08

亲友方面的纠葛
如何在大家庭和小家之间找到平衡点

共同协商原则迫使夫妻把彼此放在第一位，优先考虑彼此的需求。因此，当夫妻因亲人和朋友的问题发生冲突时，共同协商原则可以让夫妻双方的利益同时得到保障。

任何人都无法介入遵循共同协商原则的夫妻之间，这有助于维系夫妻之间的爱。但是，毕竟世事复杂，并非总能如你所愿。

几年前，我和一群来自中国的夫妻谈论了"如何在婚姻中保持浪漫之爱"这个话题。因为大多数听众不会说或听不懂英语，我通过翻译和他们沟通。演讲结束后，听众向我提问，其中一个问题颇有见地。这个问题出自一位年长的女性，她感觉自己遭遇了共同协商原则的威胁。她问："如果我的儿子遵循共同协商原则，他会不会把妻子的利益置于父母的利益之上呢？我们的文化强调'百善孝为先'。"

将父母利益置于伴侣利益之上，这种文化并非中国所独有，在全世界也很常见。而且，即使是在没有公开倡导"百善孝为先"的地方，该价值观也很难被忽视。人们对父母的责任往往会凌驾于对伴侣的责任之上。

同样的想法也适用于兄弟姐妹，甚至其他家族成员，或是曾经在你极其需要帮助时拉过你一把的朋友……如果他们中的任何一个遇到麻烦，即使伴侣反对，我们也会义无反顾地伸出援手。毕竟，亲人之间、朋友之间不就应该互相帮助和扶持吗？

无疑，婚后人们会经常面临这样的问题：

- 当你和伴侣因为亲友发生冲突时，你该怎么办呢？
- 如果亲人和朋友需要你的帮助，即使没有争取到伴侣的热情支持，你是否也要赴汤蹈火拔刀相助呢？
- 如果你的母亲生活无法自理，可能会住进你的家中，希望你照顾她，即使伴侣认为这侵犯了你们的隐私，你是否也应该排除万难在所不辞呢？
- 如果你的朋友即将搬家，而这位朋友过去曾帮你搬过家，即使伴侣更希望你和家人一起过周末，你是否也应该给朋友搭把手呢？
- 如果你想和最好的朋友一起放松一下，你的伴侣是否有权提出反对，阻止你这么做呢？
- 如果你最好的一个朋友恰好是异性，你应该仅仅因为伴侣嫉妒而永远放弃这段友谊吗？

这些都是棘手的问题。而且很多时候，它们几乎立即需要得到答案。类似的冲突真正发生时，你通常并没有几天或几周的时间与伴侣谈判。所以大可以现在就先花上一点时间，趁你可以仔细思考的时候，解决你们现在或将来可能会因为亲人和朋友发生的一些冲突吧。

重新审视你的选择

在本书中，我们讨论了解决婚姻问题的 5 种策略。我把第一种方法称为牺牲策略。这是一种自愿认输、让伴侣赢，以此来表示"在乎"的策略。丈夫想请他的父母来家里吃饭，而你更希望晚上和丈夫一起骑自行车，但是为了表示在意丈夫，你同意了他的提议。你对在极短的时间内准备一顿特别的晚餐感到不安，但没有表现出来，因为这会破坏丈夫的兴致。这之后丈夫再次提出让他的父母过来吃饭时，你又同意了。

牺牲策略在恋爱期间和结婚初期非常常见。但伴侣们很快就会意识到，牺牲最终会变得既被期待又理所当然。当生活基于牺牲时，结果并不令人满意。

第二种方法是独裁者策略。这是通过提要求、不尊重对方和表达愤怒来强迫另一方做你想做的事，即使这样做不符合伴侣的最大利益。丈夫告诉你，他的父母会过来吃晚饭（单方面提自私的要求）。如果你反对，他会把你的"不情愿"归咎于你"不在乎"的态度（缺乏尊重地下判断）。最后，当所有指责都没有用时，他会提高嗓门，跺着脚从一个房间走到另一个房间，掀翻家具，把东西扔得到处都是（表达愤怒），直到他如愿以偿为止。如果你因为太疲惫或太害怕而不愿或不敢争辩，就只有屈服并着手准备晚餐。

另一种类似于独裁者策略的策略是对决式策略，夫妻双方都使用这种方法来争夺控制权。你不仅反对丈夫请他的父母过来吃饭，还提出自己的要求："告诉你的父母，我们决定晚上全家一起骑自行车。"你的孩子听到这话，跑到你面前要求骑自行车。当你的丈夫说"不行，爷爷奶奶要来和我们一起吃饭"时，战斗就开始了。你指责丈夫，强调对他来说，他的父母比孩子重要得多（缺乏尊重地下判断）。你们俩开始歇斯底里地大吼大叫（表达愤怒），而孩子们为了躲避炮火跑得远远的。

独裁者策略和对决式策略不是解决婚姻冲突的正确方法，大多数吵架的夫妻都清楚这一点。这些策略不仅不能帮助他们解决矛盾，反而还会破坏他们对彼此的爱。因此，当夫妻二人发现这样的策略只会让事情变得更糟时，就会转向另一种方法，改用无政府策略："如果你不喜欢和我的父母一起吃饭，那我就自己带他们出去吃。"你会回应："很好！我自己和孩子们去骑自行车。"这并非达成共识，而是一个不通知或简单通知伴侣的单方面选择。这种策略会导致夫妻关系疏远，最终导致夫妻失去情感纽带。他们不再是生活中的恋人、伴侣和最好的朋友，而是变成了在黑夜中的河流里过往的船只，互不相干。

解决婚姻问题的第五种方法，即双赢策略，这是唯一能够真正解决婚姻冲突并让夫妻双方都满意的方法。它有助于夫妻双方找到增强情感纽带、创建浪漫之爱的解决方案。你只要用这个策略，就相当于把伴侣放在了平等的合作伙伴的位置上，通过遵循共同协商原则来决定如何解决可能出现的任何冲突，只有在双方都热情地达成共识后才做出最终决定。要想实行双赢策略，先要遵循我们成功谈判的 4 个准则中的第一个：保持愉悦的心情，避免提要求、不尊重对方和表达愤怒，从而保证双方开展愉快和安全的讨论。如果你们中的任何一个不能保证做到这一点，就应该推迟讨论，直到两个人都能做到再开始。

第二个准则是从双方角度识别冲突，向伴侣说明你想要什么，并了解伴侣对满足你的需求有何感受。你告诉伴侣，你想要邀请你的父母来家里吃饭，而这件事并没有提前和伴侣商量过。接着，你应该问问伴侣对此是怎么想的，为伴侣提供说出反对意见的机会，其间不能有任何不尊重对方的表现。你的需求已经摆在台面上了，也了解了伴侣的反对意见，你就可以开始第三个准则：头脑风暴。你的目标是就"让我的父母晚上过来吃饭"这件事与伴侣热情地达成共识。那么在什么条件下伴侣会对此充满热情呢？在忙碌了一天以后，有哪些方法可以既让你的父母过来，又不用花精力做饭和打扫卫生呢？

最后步入第四个准则。你们要么热情地达成共识，要么继续头脑风暴。如果不能及时就该活动达成共识，那就不能邀请你的父母过来。但最终决定也可能是邀请你的父母和你全家一起骑自行车而不是吃饭。如果这个决定能让你们双方都满意的话，就为以后的类似邀请开创了一个先例。

　　我在这里提到的关于"请父母来家里吃饭"的例子是一个简单的冲突，很容易通过热情达成共识来解决。当然，之所以能轻松解决，是因为我们假设你的父母比较随和。但是，如果你的父母对你的伴侣不尊重甚至尖酸刻薄，当伴侣完全不想和你的父母相处时，又会发生什么呢？如果他／她和你的父母在一起时感觉很不愉快，那么，即使他／她只是想起你的父母，你都要承担情感银行中的存款被取走的风险。如果你一结婚就开始遵循共同协商原则，则可以规避这样的风险。按照共同协商原则的默认条件，夫妻双方都没有义务花时间和那些让他们不开心的人在一起（在热情达成共识之前什么都不做）。你无法强迫你的父母尊重你的伴侣，但你也并非一定要花时间和他们待在一起。如果你以正确的方式解决这个冲突，你的父母就会意识到，如果他们不改变自己的态度和方式，就不能经常见到你们夫妻二人中的任何一个。共同协商原则有助于形成和重塑你与亲友的关系，从而让夫妻双方都满意。除非亲友都关心和尊重你们，而你们也喜欢他们的陪伴，否则你不应该让他们成为你生活的一部分。

男女对于亲友关系的解读不一样

　　如果你和伴侣对如何对待亲人和朋友有不同的看法，不必感到惊讶。当冲突出现时，你可能会注意到，由于看待局势的方式和角度不一样，你们并不是总能在"如何处理冲突"方面达成共识。

还记得我前面提到的胼胝体，也就是那个连接大脑左右半球神经元的纤维带吗？在女性的大脑里，它要厚得多，这意味着女性的胼胝体有更多的纤维，大脑半球之间的联系更加紧密。从功能的角度来看，这意味着女性在做决定时能考虑到更多的信息。妻子可能希望和孩子一起度过更多的娱乐时间，同时会担心家庭中的每个人是否都能得到足够的锻炼，因此，晚饭后全家骑自行车是最佳选择。她的丈夫那天已经和父母进行了简单的约定，他不明白为什么请他们过来吃饭会成为一个问题。对他来说，这是一个简单的事，晚餐本来就安排好了，只是让父母过来一起吃而已。

乔伊丝和我对这个例子很有共鸣。结婚前，我和朋友心血来潮时就会聚在一起。我们不太会正式邀请，而是我有时间了就会去他们家，他们有时间了也会来我家。我的家门总是向朋友敞开，他们的家门也会向我敞开。而我在和乔伊丝约会时则特别周到，我通常会提前一个小时告诉她我晚上要带她出去。

所以，你也许能想象，结婚后乔伊丝表示希望我的朋友不要不请自来时我有多惊讶。她甚至不希望我未经她同意就擅自邀请他们登门。对我来说，突然"有朋自远方来"是一件很有趣的事，就算我们想要保护隐私，别给他们开门也就行了。但对乔伊丝来说，即使是她自己的朋友来访，在家接待客人对她而言也是一项工作。她要打扫屋子、准备吃的，还要计划晚上的游戏活动……我则压根儿不会考虑这么多。

大脑的差异是我们冲突的根源。她会想象整个晚上会是什么样子的，而我在邀请朋友来做客时并不会想那么多。

在计划旅行时，我们也经常会遇到类似的冲突。乔伊丝会有条不紊地规划我们旅途中的每一天，并精心选定每天要穿什么，还会多带几套衣服以防万一。相反，我喜欢在出发的前一个小时直接往行李箱里扔几件衣服。乔伊丝会规划未来，我则随遇而安。

无论你是男是女，从你的角度出发，都能看出乔伊丝和我邀请朋友来家里做客的方式截然不同。因此，对我们来说，解决冲突的办法就是结交一群全新的朋友。

结婚前，与我来往的是一群热血的单身朋友。而现在，乔伊丝和我都喜欢的、与我们有更多共同之处的夫妻们取代了原来的朋友的位置。和大多数夫妻一样，他们不会突然来访，而是被邀请后才会过来和我们共度美好的夜晚。我也不会在没有受到邀请的情况下直接去他们家。我学会了更细致地计划要和朋友共度的夜晚，而乔伊丝也放宽了她认为的待客的必要条件。

你可能会认为，我放弃了自己喜欢的串门方式，而乔伊丝不得不忍受朋友来家里做客的混乱夜晚。但事实并非如此。我们都很喜欢我们的新朋友，也很喜欢与他们共度时光的方式。我们被邀请去其他夫妻家的次数远远超过我们去单身朋友家的次数。当有朋友过来时，乔伊丝和我会一起招待他们。我俩成了队友，共同选择了我们的朋友和伙伴，共同确定了招待他们的方式。事实证明，这比我们各自认为合适的解决方案要明智得多。

未雨绸缪是值得的

由于许多关乎照顾父母或朋友的问题都必须立即做决断，在这些问题真正出现之前，你和伴侣应该先讨论一下。

举个例子，如果你的父母或伴侣的父母需要你们照料，那在你们热情达成共识的前提下能提供什么样的看护呢？你们中的任何一方都不应该被迫去达成一个实际上不符合自己最大利益的约定。所以，是时候思考一下你们能提供什么样的看护，以及这种看护应该持续多长时间了。如果朋友搬家需要帮忙你会怎么做？朋友邀请你们一起出去吃饭呢？朋友邀请你们中的一个出去吃饭，没有邀请另一个呢？如果这位朋友是曾经的恋人呢？

相信我，前任应该被彻底排除在你们的生活之外。但是，一般的异性朋友呢？你希望这种关系友好到什么程度呢？多年来，我一直警告夫妻们，大多数外遇是从纯粹的异性友谊开始的。你愿意冒着出轨的风险与异性发展良好的友谊吗？大多数情况下，你的异性友谊是让伴侣觉得不舒服的最大隐患。当你与这些朋友聚会，甚至通过社交网络、电子邮件或短信随时进行随意的交流时，你的伴侣不可能热情地同意你的这些行为。

共同协商原则迫使你和伴侣进行公平谈判，即使你们拒绝了对方提出的选择，它也能让你们专注于彼此的最大利益。当你想自私一点时，它会督促你深思熟虑。如果你们遵循共同协商原则，亲人和朋友就永远不会成为你俩之间的芥蒂。

请养成在回复任何邀请之前先与伴侣讨论的习惯。当有人邀请你时，请对他们说："我和伴侣商量后再回复你。"你的亲人和朋友会习惯你们一起做决定的生活方式。

不要让亲友毁了你们夫妻二人对彼此的爱。当伴侣的利益与你的亲人或朋友的利益发生冲突时，伴侣应该始终是你的首选。伴侣是你最重要的朋友和亲人，任何人都不应该介入你们之间。请遵循共同协商原则和成功谈判的4个准则，避免被其他人介入。

思考
一下

He
Wins,
She
Wins

1. 想一想你因为亲友而与伴侣发生的冲突。如果你采用的是我在本章中提到的前4种策略，你会如何解决问题？为什么这4种策略都会削弱你们对彼此的爱？

2. 使用我建议的第5种策略来解决你在问题1中提到的冲突。记得借助笔记本来引导你和伴侣展开讨论（见附录A）。

3. 试着预测你可能会因为亲人和朋友而与伴侣发生的一些冲突。如果你的父母或伴侣的父母需要照顾，你们能提供什么样的让彼此都满意的看护呢？你们打算在哪里过年？如果朋友搬家需要帮忙，你会怎么做？如果朋友邀请你们一起出去吃饭呢？如果朋友邀请你们中的一个出去吃饭，而没有邀请另一个呢？如果这位朋友是曾经的恋人呢？

09

工作与生活的天平
如何平衡职业压力和家庭需求

你们每天所做的一切都会在彼此的情感银行里存款或取款。我们说做事情要三思而后行，原因就在这里。如果你想在情感银行里最大限度地增加存款、减少取款，你所做的决定就应该得到双方而不只是某一方的同意。

然而，事情往往难以两全。比如，你要经常出差。又比如，你在医院上班，经常因为出急诊要随叫随到。再比如，你在一家航空公司工作，需要严格服从公司的航行计划执行任务。每当涉及日程安排时，工作的要求通常容不下共同协商原则的存在。你和伴侣之间该如何就每天的日程安排达成一个彼此都有热情的共识呢？

因职业而产生的婚姻矛盾，往往就是因为职业在时间安排上占据了主导地位。有些职业在时间安排上非常灵活，很容易满足婚姻的利益要求。但众所周知，更多的职业会因为被强加的时间限制对婚姻造成影响甚至伤害。尤其是夫妻因为事业不得不分居两地，或者夫妻之间没有足够的时间去满足彼此的情感需求时，伤害更是不可避免。

如果你的伴侣对你的职业心怀不满，那么你每次上班都会在他／她的情感银行里取款。你可能会想，为了谋生自己别无选择，伴侣必须学会适应你的职业需求。但是，伴侣在抱怨一段时间之后，很可能会通过在情感上与你疏远来调整和适应，避免因为你的职业而被伤害得太深。换句话说，伴侣会离你而去。在"如何改变一个人"的问题上，我是一个经验丰富的老手。如果你告诉伴侣，当你做某件事时他／她大可不必有这样或那样的感觉，那么你真的是大错特错了，因为你伴侣的感受不太可能改变。而如果你改变自己的行为，让伴侣产生积极而非消极的感受，那么，只要你继续你的新行为，这种积极感受就会持续存在。

改变一个人的行为比改变一个人对行为的情绪反应要容易得多。

如果你的工作安排或职业要求让伴侣不开心，那就改变它。若有必要，可以考虑换一份工作，让你有足够的灵活性来保持婚姻的健康和幸福。

当我向夫妻提议改变职业时，大多数人会觉得我不切实际。然而，纵观大多数人的职业道路，他们一生中通常会改变好几次。不管怎样，你一生中可能至少会有一次职业变化，你是愿意出于对伴侣的考虑而改变，还是任由生活中的随机因素来影响你的选择？

你的职业应该为你的伴侣和家庭服务，而不是本末倒置。职业的主要作用是提供令人满意的生活方式。如果职业本身导致你和伴侣失去了对彼此的爱，那么这份工作的存在就违背了初衷。它不是在创造一种舒适的生活方式，而是在创造一种痛苦的生活方式，至少对你的伴侣而言是这样。

有些人可能会试图争辩，做不做某份工作要取决于自己是不是喜欢，职业终归是个人的选择和决定。持这种论调的人通常是害怕伴侣会强迫他／她从事自己不想做的职业。但共同协商原则能解决这个问题。它会要求你们双方都对最终决定充满热情，会引导你找到一份喜欢的职业，因为这是必要条件之一。

如果你们能够遵循共同协商原则，当谈判结束时，你将找到一份和你当前一样充实、令人满意，甚至更有成就感的职业，而你的伴侣也会和你一样欢欣鼓舞。

你的日程安排是否正在毁掉你的爱情

你的日程安排，特别是你的工作日程安排，是否考虑到了你的伴侣？如果你的伴侣因为对你的安排不满而想要让你更改已经敲定的预约或出差行程，你会反感吗？

如果你认为你的日程安排和伴侣无关，你们对彼此的爱就不可能长久。这是因为，你的日程在夫妻相互关爱的过程中扮演着极其重要的角色。当你不顾伴侣的反对做出日程安排的决定时，就是在直接证明，你更看重工作，而不是伴侣。

很多人会辩解，说伴侣的反对意见是多么地不合理。"如果什么都听我老婆的，我们就什么都没了。养家糊口的承诺不是说说而已，她不明白其中的艰辛和投入。"确实，婚姻需要承诺。但是，到底是承诺会尽力照顾家庭，还是承诺要为工作殚精竭虑呢？

工作日程是否比照顾伴侣更重要？有一种简单的方法可以帮你确定答案：问问你的伴侣对你的日程安排有什么看法。如果伴侣对你的工作计划不满意，你是否愿意改变计划来迁就他/她的感受？如果答案是否定的，就说明你认为工作日程比照顾伴侣更重要。你的工作不是为了让伴侣快乐，因为你的工作方式无法实现这个目标，你的职业成就是以牺牲伴侣的快乐为代价的。

如何创建一个让彼此都满意的时间表

如果你想创建一个时间表，帮助你在情感银行里存款而不是取款，那你必须和对方协商。我建议你们每个星期日下午聊一聊，讨论未来一周的日程安排。除非事先热情地达成一致，否则就不应该把时间花在任何活动上，工作也包含在内。

整周计划的所有事情都应该先得到双方的确认，然后才能实施。实际上，每个小时都应该花在你们都同意的事情上。其间，如果你们中的任何一方要求更改日程安排，也必须在双方都热情地同意后，更改才能生效。

当你第一次尝试完成这项任务时，可能不会很容易。也许你已经习惯了独立于伴侣的意见之外，自己创建自己的日程表，这样的话，刚开始谈判时就遇到了很大的困难。因此，我建议你为第一次谈判留出几个小时，甚至整个周末的时间。

我为夫妻制定的基本原则之一，是每周至少安排 15 个小时的专注时间来满足彼此的亲密需求。在这些时间里，你们可以享受爱与关怀、亲密对话、休闲陪伴或性满足（请阅读《浪漫有对错》）。因此，请确保你的日程安排里包含了这段专心与伴侣相处的时间，不要一个星期过去了，你们却没有给彼此足够的关注，关注可是往情感银行里存款的最好方式啊。

另一个重中之重是一家人在一起的时间，我称之为高质量家庭时间。但除非你提前精心安排了这段时间，否则它的质量不可能有多高，因为其他不太重要的活动会把它排挤出你的生活。

我与许多濒临死亡的人交谈过，没有一个人告诉我当年应该在工作上多花点时间。如果人们晚年有遗憾，通常都是因为没有花更多的时间陪伴伴侣和孩子。当计划一周的日程安排时，你会发现，你几乎没有时间去做你想做的每一件事。但是，如果你能提前安排好，并按照你的时间表行事，你就可以完成对你们俩来说最重要的事情。

男女对职业要求和时间管理的解读不同

一般来说，大多数妻子希望丈夫能多陪陪自己和孩子。她们讨厌那些把丈夫从家庭里拽跑的职业。这是因为，女性本能地认为，父亲是家庭不可分割的重要部分。她们似乎也明白，在一起的时间对于感情的维系至关重要。当婚姻关系出现问题时，妻子往往是第一个感知到的。

相反，丈夫往往看不到自己的日程安排如何影响了婚姻质量。他的日程安排不仅被职业要求占据大半，还被个人的娱乐活动、网络、健身计划以及其他一系列兴趣爱好填得满满当当，这一切占据了他的时间和注意力，将他从家庭中抽离。

起初，妻子果敢地创建一个时间表，努力把夫妻二人的生活联系在一起。但是，当意识到丈夫显然想要独自行动时，她放弃了，干脆也选择在没有丈夫陪伴的情况下追求自己的利益。然而，她很快就发现，他们独立于彼此的生活方式在逐步把婚姻引向灾难，她知道两个人正在渐行渐远。

几年前，我为一对即将离婚的夫妻提供咨询。妻子说，她再也不能和一个将周末完全花在打高尔夫上的丈夫一起生活了，而且，她的丈夫从来不愿意把她纳入他的娱乐活动里。我鼓励丈夫另找一项可以和妻子共享的活动，但他坚决反对改变打高尔夫的习惯。后来，丈夫背部受伤，大约有一年时间都不能打高尔夫。在那段时间里，他发现了一些可以和妻子共享的新活动。如今，他们远离高尔夫的婚姻变得重新美满起来。

抛开破坏婚姻的职业和活动，夫妻二人可以幸福地生活。既然你现在就可以做出决定，那还等什么呢？

我在计划自己的职业生涯时，一直把妻子放在心上。乔伊丝不太喜欢我的前两份工作，因为她觉得那削减了我们共处的时间。我们最终选择了一项双方都认同、我可以灵活安排日程以融入她的生活的职业：心理咨询。

如果没有乔伊丝的热情同意，我的职业发展就毫无意义。毕竟，我打拼事业也是为了家庭和爱人，实现理想需要家人共同的努力和贡献。没有乔伊丝的支持，这份事业就无法为我们共同的生活目标服务。她的鼓励让我的选择更加称心如意，这无疑是我事业成功的主要原因。

同样，乔伊丝的职业选择也将我的兴趣考虑在内。因此，在我们一起生活的历程中，我一直热情地支持她的事业，就像她支持我的事业一样。她成了成功的福音歌手、电台主持人、制作人，功劳有她的一半，也有我的一半。我从不怨恨她在事业上花费时间，因为她愿意用她的日程安排和对职业活动的选择来迁就我的兴趣。

由于我们都是有雄心壮志的人，事业可能会对我们的婚姻造成破坏，它有可能让我们分道扬镳。但事实却相反，事业巩固了我们的婚姻，因为我们把对方看得比工作更重要。结果就是我们都深深地爱着对方。

不要因为疏忽而失去对彼此的爱。请在每个星期日下午花一点时间做好下一周的日程安排。如果你们在共同安排日程时发生矛盾，请使用共同协商原则和成功谈判的 4 个准则来解决冲突。此外，不要忘记把 15 个小时的专注时间安排进你们的日程，这样你们就有足够的时间满足彼此对爱与关怀、亲密对话、休闲陪伴和性满足的情感需求。同时也请把家人团聚的时间规划进来。当你抽出足够的时间陪伴孩子时，你对孩子就有足够的影响。每个人对生活中每一个决定的看法都有价值。只是当涉及时间管理时，我倾向于以妻子的视角为重，因为这种视角挖掘了婚姻中相处的价值。女性通常对"维持婚姻关系需要什么"有着敏锐的洞察力，而她们最想要的，是丈夫全心全意的关注。夫妻双方在选择职业以及安排日程时，都应该时刻把对方放在心上。

让你的职业和日程安排成为爱的建设者，而不是破坏者。

1. 当你和对方讨论你的工作要求或日程安排时是否使用了提要求、不尊重对方或表达愤怒的策略？你有没有找借口为滥用这些策略辩解过？

2. 你是不是认为与其争论职业或日程安排，不如只做自己认为正确的事，而伴侣只需调整好情绪去接受就行？要是伴侣无法热情接受，还要被期望去适应一个决定时，可能会有怎样的结果？

3. 职业或日程安排在什么情况下会成为爱情破坏者？你们中是否有一方认为，自己有权独立决定自己的职业或日程安排，而不必考虑对方的兴趣和感受？你愿意为了彼此的爱遵循共同协商原则，放弃这一观点吗？

4.　工作不是就时间安排达成共识的唯一障碍。娱乐活动、网络、健身计划或其他兴趣爱好是否挤占了你们应该共处的时间？每一个项目都应该在夫妻双方的热情一致下进行，否则就应该排除在你们的生活方式之外。

10

金钱的烦恼
如何在理财和消费上达成共识

除非你建立了基本指导方针，否则婚姻中的财务冲突会没完没了地发生。这些指导方针被称为预算。每个家庭都该有预算。

在深入了解财务具体问题这棵大树之前，我们先退后一步，看看森林的全貌。我强烈建议，你要赶在个人财务方面的无数问题出现之前，先做好预算。

但我不希望你只是简单地定下一个预算数额，还希望你能以共同协商原则为指导方针做好预算。财务冲突是婚姻中最常见的冲突之一，完成了"预算"这一步，你就能在解决财务冲突方面取得重大进展。预算可以帮助你提前确定收入预期以及支出计划。因为你们已经把该解决的问题提前解决了，所以当你们就这个计划热情地达成共识并执行时，个人财务方面就很少出现冲突了。

学习解决财务冲突的第一步，就是做双方都能热情认同的预算。如果你从未做过正式预算，就应该从填写家庭预算表开始，这类表格在书店或网上都能买到。你选好的表格应包含至少 70 个类别的收入和家庭开支。

预算剖析

预算包含两个基本版块：收入版块和支出版块。预算中的收入版块通常是双方最容易达成一致的部分，在收入固定的情况下更是如此。但如果每个月的收入都在变化，那么，无论是乐观还是悲观地估计了收入，你们都可能会因此产生一些冲突。我建议你们安排较低预估和应急计划的组合，来决定如何花费超过一定金额的钱。这样一来，如果收入没有你们预估的多，收支平衡也能得到保障；如果收入比预估的多，你们有相应的计划花掉多余收入。注意，收入部分包括了扣减之前的所有工资，至于扣减的费用，则应归入支出部分。

接下来就是困难的部分了。收入该花在哪里呢？如果你们和大多数夫妻一样，赚的没有花的多，且每个人都有不同的优先事项，那我建议你们先各自做一份预算，这样你们就可以意识到究竟哪里有冲突，例如，你们中的一个人想花 1 000 美元买圣诞礼物，而另一个人觉得 200 美元就足够了。预算必须做到收支平衡，因此在你的初始预算中，支出不能超过收入。已经说好的支出项目也都要纳入。哪些是必要的成本，哪些是可灵活调配的成本？每年一次的费用，比如保险和圣诞礼物，应该将该费用按比例分摊到每个月的预算中，以便在需要时有足够的资金支付。

在比较两人的预算之后，你们就可以讨论从中发现的所有冲突了。该如何调和这些冲突呢？

第一步，要互相提醒，如果想达成一个热情的共识，你们的谈话必须是愉快和安全的。还要互相提醒，共同协商原则的默认条件是在热情地达成共识之前不轻举妄动。如果你们不能达成一个热情的共识，那么该类别的钱就应该留在账户里。

第二步，以尊重的态度去发现彼此对这个问题的看法，并去探究双方都能接受的解决方案是什么样的。诚然，有些人就像爱财如命的葛朗台，根本不想花钱，而"达成共识前什么都不做"这个前提条件正是他们想要的。我将在后面讨论这个问题。但大多数夫妻在尊重对方观点的同时，还是会努力寻找共同点的。

第三步是集思广益，想出可能让双方都满意的解决方案。如果你当下对解决方案没有任何想法，那就先让问题孵化一两天，回头再来解决。如果专门留出一段时间让大脑处理信息，你会惊奇地发现，它能做的事情往往出乎意料。

第四步，找到双方都能热情认同的解决方案。我想再次提醒你们，为什么我希望你们达成热情的共识，而不是勉强达成一致。热情共识创造的是把"爱意金币"存入双方情感银行的生活方式，而勉强达成一致创造的则是从情感银行取款的生活方式，至少对不情愿的一方来说是这样的。如果你想要爱情，就不要满足于勉强达成一致。

你会发现，你们对预算的热情共识将为未来的财务决策制定一个标准。每次发生冲突时，之前勉强达成一致的事项都必须拉出来重新谈判，而热情的共识通常能终结无休无尽的讨论。当问题出现时，你会知道该怎么做。达成热情共识花费的时间可能比勉强达成一致更长，但总体而言，它引发的谈判要少得多。随着谈判技巧的提高，当新的财务冲突出现时，你将能够快速解决大部分问题。

男女对理财目标的解读不同

当夫妻一方在不考虑另一方观点的情况下做出财务决策时，就会失去"爱意金币"，道理就是这么简单。而做财务决策时同时考虑夫妻双方的感受不仅更明智，也更能创建爱的感觉。

因此，如果你想变得明智并创建对彼此的爱，就应该有一个同时考虑到双方利益和感受的预算。但是，在做预算时，你可能会发现，双方的优先事项会有所不同。一般来说，女性希望将有限的财务资源用于家庭安定，而男性则希望将其用于享受。妻子可能比丈夫更愿意将钱花在对家庭的支持和照顾上，而丈夫可能比妻子更愿意将钱花在娱乐兴趣上。

由于大多数人都没有足够的资源去购买想要的一切，因此，对每对夫妻来说，生活中总有那么一段时间是必须确定优先事项的。夫妻之间相互冲突的财务目标可能会导致双方很难在每个预算项目上都达成热情的共识。

如果你们做预算时发生矛盾，请先假设双方的观点都有一定的道理。想要预算支持家庭安定的妻子是在捍卫非常重要的价值，想要预算支付娱乐费用的丈夫也是如此。这不是非此即彼的问题。你们应该尽力找寻能同时实现这两个目标的方法。

如果她在情感上需要经济支持怎么办

如果妻子在情感上需要经济支持，我建议你们创建"需求预算与愿望预算表"。与我刚刚提到的、指导夫妻就公平预算达成共识的方法不同，这张表要满足妻子对经济支持的需求。

是简单地就公平预算达成共识，还是满足妻子对经济支持的需求（同样是公平的），并就此达成预算共识？这取决于经济支持是否是妻子最重要的情感需求之一。这个疑问可以通过填写"情感需求问卷"（见附录 B）来获得答案。

如果你发现妻子需要经济支持，我建议由妻子来完成需求预算初稿，而初稿只包含丈夫的收入。我提出这个建议有一个非常重要的原因：如果女性在情感上需要经济支持，当她的丈夫在经济上支持她和他们的孩子时，会在她的情感银行中存入大量"爱意金币"。通过仅使用丈夫的收入完成预算的初稿，妻子能够准确地表达她希望丈夫如何满足自己对经济支持的需求。当丈夫的收入能支付她在需求预算中列出的金额时，从定义上说，丈夫满足了她对经济支持的需求。

当男性第一次听到这个建议时，他往往会认为妻子要包揽整个预算，他需要的东西将完全无法实现，进而他会质疑：共同协商原则起了什么作用呢？

这么多年来，我一直鼓励夫妻遵循这一预算程序，到目前为止还没有发现任何一个妻子的预算要求不合情理，或者完全超出丈夫的能力范围。相反，普遍存在的情况是：妻子会留给丈夫很多机会去争取购买他想要的东西。请记住，这只是初稿，不是最终预算。

妻子完成需求预算初稿后，夫妻双方在下一稿的预算中一起填写支出项，这一稿会加入愿望预算。丈夫可以写入未包含在初稿中的他的需求项目，以及他的愿望项目。由于妻子在初稿中已经填写了她的需求项目，因此在第二稿中只需要添加她的愿望项目即可。而在这一稿中也要加进妻子的收入。

现在可以开始谈判了。如果你们和几乎所有夫妻一样，需求和愿望远远超过双方的共同收入，那么，你们的最终预算应该是可负担的预算，双方应就此达成热情的共识。

特别强调一下，请尽量把妻子在初稿中写的费用包括进来，并确保丈夫的收入足以支付这些费用。如果你们无法就此达成共识，那就意味着新预算没有满足妻子对经济支持的情感需求，也意味着丈夫应该把注意力集中在"未来如何满足该需求"上。本书的姊妹篇《浪漫有对错》中，我解释了满足妻子在经济支持方面需求的重要性，以及如何通过热情地达成共识来实现这一点。

如果丈夫的收入能满足妻子在需求预算中所列的经济支持需求，那么做预算剩下的流程就是调和及分配夫妻二人的剩余收入以及他们共同希望增加的开支了。

你们可能需要耗费一段时间才能确定最终预算，即可负担的预算。请记住共同协商原则的前提条件：在双方达成热情共识之前不要花钱。如果你们在几周的时间内都无法达成一致，请找一位调解人来帮助你们想出有创意的替代方案。

还有一点需要注意：即使你敲定了一个双方都热情认同的预算，也不意味着实施后你依旧会对它充满热情。共同协商原则适用于你所做的一切，但计划做的事情不一定就能如你所愿。你可能会对结果失去热情。因此，当你按照预算消费，却发现它并没有像你所希望的那样奏效时，请带着你的新经验重新谈判、做出调整。

请记住，你们的消费应该起到在彼此的情感银行中存款的作用。如果没有，就要做出改变。

**思考
一下**

He
Wins,
She
Wins

1. 做你们都热情接受并且愿意遵循的预算。如果妻子表示需要经济支持，请创建"需求预算与愿望预算表"。

2. 做出预算后，你和伴侣在理财方面还有矛盾吗？尽可能清楚地描述你们的冲突，并尊重彼此的意见和观点。然后，请利用共同协商原则和成功谈判的 4 个准则找到能兼顾双方利益的解决方案。

3. 你的财务决策是否体现了钱比你对对方的爱更重要？共同协商原则是如何时刻提醒你们将彼此放在首位的？

11

育儿的挑战
如何在不同的教育观念中寻找共同的育儿之路

在本书的开头，我举了一个典型的婚姻冲突的例子：乔迪和托尼无法在"夜里谁该起来带孩子"这一问题上达成共识。他们不能就这个简单的问题达成共识，矛盾愈演愈烈，产生了多米诺骨牌效应，这几乎毁了他们的婚姻。

如果关于日常育儿责任的未解决冲突都会导致离婚，想象一下那些关于孩子教育的问题如果没有解决，还会对婚姻造成什么影响。大多数父母都知道，他们在孩子的道德和教育发展方面做出的决定，对孩子未来的幸福和成功有着远比"谁半夜起床照顾孩子"更重要的影响。当父母无法就孩子的教育目标和方法达成共识时，父母的婚姻势必会分崩离析。如果父母在抚养孩子的方式上意见不一致，孩子就会成为使用"分而治之"策略的专家。如果你告诉儿子，他整理好床铺、打扫完房间才能出去玩，你的伴侣却说他可以先出去玩，但明天必须打扫房间。当夫妻一方试图掌控抚养孩子的权利，另一方又不认同前者给出的规则时，孩子就很难了解在生活中该如何取得成功。父母之间难以达成共识，孩子就会感到疑惑。这样一来，孩子会转而向其他孩子寻求帮助，可对方的智慧并不足以提供足够合理的建议。

单方面的育儿决定不仅仅会给孩子造成混乱，还非常令人反感。你是否觉得伴侣不支持你的育儿方式？这些抱怨在婚姻中非常常见，同时这也是引发情感银行被取款的重要原因。要是父母在"孩子应该做什么""如何惩罚孩子不听话"这些问题上意见不一致，单方面的决定几乎总能让另一方的情感银行存款减少。试图保护孩子的一方往往比孩子更能感受到被管教的痛苦，而管教的一方也会感觉被冒犯、被抛弃、不被认可。

同样地，单方给予孩子恩惠也是错误的。如果夫妻一方在没有得到另一方认可的情况下给予孩子一些东西，那么，持反对意见的那一方看起来就会像个邪恶的家长，他 / 她在这种情况下看起来不够关心孩子、不能给孩子真正需要的东西。父母单方面的恩惠像单方面的管教一样，也会引发婚姻中的怨恨。仅仅因为在"如何照顾孩子"的问题上意见不一就把伴侣塑造成不爱孩子的父母，这是不公平的。

在没有获得伴侣热情认同的情况下肆意奖励或惩罚孩子也是错误的。如果伴侣不支持你的方式，孩子也无法从你的管教中学到什么。每当这种情况发生时，你的"爱意金币"无疑会减少。

再婚家庭面临的艰巨挑战

我的妻子乔伊丝在她十几岁的时候就觉得小孩子很烦人，她会逃避照看孩子的工作。所以我们结婚时，我其实不太确定她是否想生孩子，也不知道她会如何面对我们自己的孩子。

好在孩子真的到来后，乔伊丝成了一位了不起的母亲。她对自己的孩子和孙辈非常有耐心，但她还是觉得别人家的孩子很烦人。当再婚家庭中至少有一方有孩子时，这会成为他们需要面对的问题之一。抚养自己的孩子已经够难了，抚养伴侣带来的孩子则让这项任务变得难上加难。夫妻双方在抚养孩子方面无法达成共识而产生的怨恨毁掉了绝大多数的婚姻，这种状态下的婚姻几乎没有幸免的可能。

通常，比起一般家庭，再婚家庭中，夫妻单方面决定如何育儿这件事对情感银行余额的负面影响要大得多，因为每个人都有不惜一切代价保护自己孩子的本能。继父母的任何单方面惩罚通常会引发亲生父母愤怒的辩护。

再婚家庭中的每一方都倾向于将自己孩子的利益放在第一位，这通常是为了弥补孩子在父母去世或离婚时所遭受的创伤。父母往往因为剥夺了孩子在原生家庭中的优势而感到内疚，因此想尽一切办法满足孩子的要求。在这种情况下，所谓的规则只会沦为一纸空谈。

如果原生家庭的破裂是因为离婚而不是死亡，还会存在另一个问题，那就是离婚父母为孩子树立了非常糟糕的行为榜样：父母一方或双方没有以身作则地教育孩子为他人着想，而是行事轻率、我行我素，以至于爱情遭到破坏，婚姻结束。结果，孩子学会了"每个人都要为自己着想"。所以，作为再婚家庭的一员，如果你不想让孩子干扰你们对彼此的爱，也不想走向离婚，就应该在双方达成共识的情况下做出所有的育儿决定。在实施所有奖励和惩罚之前，夫妻双方应该先共同定下规则。这样，你们的管教才会被严肃对待，你们才不会被看作邪恶的父母，才会在情感银行中存款而不是取款。

男女对育儿目标的解读不同

养育孩子最重要的目标是什么？是让孩子听话还是让孩子知道被爱呢？毫无疑问，两者都很重要，但如果只能实现一个，你会如何选择呢？

一般来说，女性往往更希望孩子知道自己被爱，男性则倾向于让孩子听话。

如果是学会自立呢？你是希望孩子通过劳动挣零花钱，还是无条件地把零花钱给他 / 她呢？男性往往强调"要为你需要的东西工作"，而女性则更希望以这样或那样的方式满足孩子的需求。

虽然不是每一对夫妻都会有这些观点差异，但他们在养育孩子时会不可避免地面对这样的冲突：究竟谁是对的，谁是错的？

大多数情况下，父母的观点其实都是对的。比如，孩子需要知道自己是被爱的，也应该听话；孩子应该学会自力更生，他们的需求也应该得到满足。但如何做到两者兼顾呢？

在育儿的问题上，你和伴侣各自都有什么目标？你们的优先事项分别是什么，它们是不是不一样？在决定如何管教孩子时，优先事项的差异会引发冲突吗？请你思考这些问题，并将结果应用到你解决育儿冲突的方式中，越早越好。

夫妻双方对育儿的不同看法有同样的价值。当你们就抚养孩子的方式达成热情共识时，孩子会受益于你们的共同智慧。相反，如果你们中的一人单方面做出决定，孩子会感到沮丧和困惑。当夫妻一方在没有另一方支持的情况下管教孩子时，孩子会觉得父母双方爱自己的程度不同。当孩子得到父母单方的奖励时，收到的信息是混乱的：从一方家长的角度来看，自己所做的事有价值，而从另一方家长的角度来看却不值一提。他／她做的事到底有没有价值呢？孩子自己也无法确定。

如果你们以统一的、前后一致的态度来到孩子面前，就向孩子传递了一个强有力的信息，会给孩子留下深刻的印象，同时为孩子指明方向。当父母双方就孩子的养育问题达成共识时，孩子会受益良多。这样做消除了孩子因信息混乱而引发的困惑，也阻绝了夫妻中某一方在愤怒中可能做出的愚蠢、情绪化及冲动的决定。

如果夫妻不能就育儿方式达成热情共识，就会错失教导孩子重要人生课程的机会，还会失去对彼此的爱。我相信你们会同意我的观点，熟练地以双赢的方式解决此类冲突非常重要。

如何以热情一致的态度养育孩子

开始之前要清晰地了解你的目标：遵循共同协商原则。在没有达成热情的共识之前不要对孩子指手画脚，不要惩罚、奖励、教导他/她。一旦达成共识，你只需执行，在这个问题上不需要进一步谈判，因为原则已经定好了。

请先了解你们夫妻在育儿方面的一致和分歧，这是很好的开端。我敢肯定，你们对反复出现的分歧记忆犹新，不妨将它们写在一个名为"冲突"的清单里；同时你们也应该花点时间列一个名为"无冲突"的清单，记下你们都热情认同的育儿决定。无冲突的决定可以单方面制定，但前提是要确保没有任何分歧或冒犯对方的风险。随着时间的推移，当你回忆起过去的事件、回忆起努力教养孩子的过程中遇到的新挑战时，可以在这两个列表中添加新的内容。

一旦某种情况被列入冲突清单，夫妻中任何一方在达成共识之前都不能轻举妄动。换句话说，你们谁都不能就该问题做出单方面的决定。比如，到底是用奖励还是用惩罚来督促约翰早上铺床，如果你们就这件事各执己见，那么在双方达成共识之前，你们中的任何一方都不能实施奖励或惩罚来实现这一目标。

列出要解决的冲突清单后，越早解决清单中的内容越好。

记住，你们的谈判必须是愉快和安全的，不要提出任何要求，不要不尊重对方，也不要表达愤怒。如果你们中的任何一个发现自己变得情绪化，请中断谈话，调整好状态后再找机会重新谈判。

请清楚地描述冲突。使用笔记本，按照附录 A 中的表格格式填写信息，以便你们都能清楚地了解问题所在。请以尊重的态度去发现彼此对问题的看法，了解双方能接受什么样的解决方案。记住，你们各自的视角都饱含智慧。

在你们有机会了解对方之后，就可以开始进行头脑风暴，想出可能让双方都满意的解决方案。带上你的笔记本，以便随时随地记录思想火花。给你的大脑一个机会，想出一些创造性的主意。

最后，尝试一个融合双方观点的解决方案。如果运作良好，你们都会热衷于使用它，它将解决你们的冲突。

思考
一下

He
Wins,
She
Wins

1. 当你和对方讨论育儿问题时，你是否曾经提要求、不尊重对方或表达愤怒？你是否曾经找借口为滥用这些策略而辩解？

2. 你是不是认为，与其争论如何抚养孩子，不如只做自己认为正确的事，而伴侣只要配合就好？当伴侣无法热情接受还要被期望去配合一个决定时，可能导致什么结果呢？

3. 育儿决定在什么情况下会变成爱情破坏者？你们中是否有任何一方认为自己有权罔顾对方的兴趣和感受、独自决定如何育儿？你愿意为了彼此的爱遵循共同协商原则，放弃这一观点吗？

4. 制作两份清单，一份名为"冲突"，描述你们在养育孩子方面所面临的冲突；另一份名为"无冲突"，描述已经解决的育儿问题。请使用共同协商原则和成功谈判的 4 个准则来解决你列出的每个冲突。把有附录 A 表格的笔记本放在身边以指导你们的讨论。请记得使用"试试看，你会喜欢的"的方法作为补救措施。如果试验过后你们还是无法达成共识，那就回到头脑风暴的阶段。

12

亲密关系的裂痕
如何在性欲不同步时找到和谐的节拍

使徒圣保罗（St. Paul）在《哥林多前书》中谈到性时写道："夫妻不可彼此亏负，除非两相情愿。"

虽然我一直推荐的共同协商原则要求你们要热情地达成共识之后才过性生活，但圣保罗的意思却是，除非夫妻双方都同意不要，否则就应该有性生活。后文他也意识到这个问题很复杂，所以又向读者说明，这是个建议，而非命令。他的读者，尤其是女性读者，读到这样一条免责条款，才都松了一口气。

我完全理解圣保罗的困境。他知道性在婚姻中的重要性，应该鼓励夫妻之间拥有丰富而满足的性生活，但按需求过性生活难免会有问题。

无论是在今天还是 2 000 年前，婚姻中性行为的是非曲直始终是一个普遍的问题。就像大多数亘古难题一样，这个问题无疑非常复杂。但从很多伴侣，尤其是男性的角度来看，一对男女共同享受性生活的愉悦，能有多复杂？

结婚之初，无论男女，大多数夫妻都会认为彼此能拥有丰富而满足的性生活是婚姻的天赐福利之一。但随着时间的推移，男性通常会发现，他们的妻子对性并不像自己那样感兴趣。结婚时间越长，妻子对此就越是兴味索然。随着性生活的频率越来越低，丈夫也变得越来越沮丧和失望。曾经看起来几乎毫不费力的事情，现在变得荆棘满途。他们不知道该如何说服自己的妻子让双方重新成为甜蜜爱人。在这个问题上，他们缺乏谈判技巧。

如果你发现自己正处于这种境地，似乎根本无法与伴侣讨论这个话题，或者能够讨论却一无所获。我会告诉你如何将你在本书学到的知识应用到性冲突中。

你们能安全愉快地谈论这个议题吗

性满足是一种情感需求，想要冷静而尊重地讨论它却并不容易。妻子在性方面不情不愿的情况下，我有时会用口渴来比喻丈夫的沮丧之情，他够不到水，而如果妻子愿意，可以很容易地把水递给他。丈夫越来越"渴"，妻子却一再解释自己很累或没有兴致。不过丈夫往往不会试着和妻子谈判，而是直接提出要求："现在就给我点水喝！"要是这样的要求不起作用，他甚至还会口无遮拦："作为妻子，你这个借口真是糟透了！"然后，随着挫败感加剧，他会暴跳如雷，开始大骂脏话。

一方面，你可以理解丈夫的立场和愤怒，但他所使用的方法不会让妻子配合，只会把妻子越推越远。妻子不会尝试去帮助丈夫，反而会躲着他。同样的道理似乎也能告诉丈夫如何获得自己所需的性满足。如果丈夫想让妻子成为一个更能满足自己的性伴侣，就必须保证与妻子之间的讨论是愉快和安全的。讨论应该从请求改变性生活的频率和方式开始。在提出请求之后，两个人都有机会解释自己对这个问题的看法，互相包容所有差异，以找到一种双方都充满热情的方式来满足需求。

我建议你们先问一个问题，该问题的答案将帮助你们解决几乎所有关于性的冲突。这个问题是：我们为什么需要性生活？

我们为什么需要性生活

男性通常会在最近一次性释放后的几天内，年轻男性甚至是在几个小时内重新产生性渴望。自慰能在一定程度上缓解这种渴望，但与女性发生性关系通常是最有满足感的。所以对大多数男性来说，关于"我们为什么需要性生活"这一问题，他们的答案是：性生活可以缓解性渴望。我把大多数男人为了获得这种缓解所做的事统称为"性行为"。

相反，女性通常不会经历和男性一样的性渴望，至少不会那么频繁。所以对她们来说，性通常有着截然不同的目的。性通常是一个更大整体中的一小部分，可以帮助她与所爱的男人建立亲密关系。对大多数女性来说，"我们为什么需要性生活"这一问题的答案是：性是为了在爱与关怀、亲密对话的基础上建立情感纽带。我把大多数女性为达到这个目的所做的事称为"性事件"。

请不要误会，我并不是说丈夫和妻子对性目的的认知完全是这样或那样的。通常动机是各种各样的，男人也会希望通过性来建立情感纽带，而女人也会想通过性来缓解自己的性渴望。但在这里我要说的是，夫妻发生性关系的主要动机通常是大相径庭的。睾酮的作用很好地解释了为什么男人认为性的目的是对欲望的释放。大多数男性会大量分泌这种激素，它会激发人们的性渴望。但从大多数男性的视角看来遗憾的是，大多数女性睾酮分泌不足。实验表明，当女性被注射相当于 19 岁男性分泌量的睾酮时，她们也会对性产生强烈的渴望，并发现自己和男性一样频繁地寻求性释放。

与男性一样，女性对"性的必要性"的观点也受到生理的影响。女性特有的激素和神经通路可能解释了女性为什么认为性可以满足爱与关怀的需求。但无论这些生理原因是什么，它们似乎并没有像大多数男性所希望的那样激励女性频繁发生性行为。

当然，生育是性行为的最终目的。男性和女性的生理机能都会无意识地促使他们发生性关系以繁衍后代。有时，这个目的的达成是有意识的，他们会有意通过性行为来生孩子。但这并不是丈夫和妻子过性生活的常见理由，即使他们没有生育的能力或愿望，那些常见的理由仍然会促使他们发生性行为。

我们该如何过性生活

带着尊重的态度去收集彼此对性的看法后，你们应该讨论的下一个问题是："我们该如何过性生活？"这个问题的答案很大程度上取决于第一个问题，即"我们为什么需要性生活"。

如果任由男性自己安排，他们中的大多数会选择一种反映他们目的的性方式，即满足他们比妻子更强烈、更频繁的性渴望。他们会通过做一些事情来为自己创造性唤起，从而发起性行为。对绝大多数男性来说，注视和感受妻子的身体，尤其是乳房、臀部和髋部，效果通常最好。这种性行为最方便的时间是妻子在睡觉前或醒来时与丈夫同床共枕的时候。性行为本身通常指向性交，但许多男性更喜欢额外增加其他环节，因为他们发现这样不仅更刺激，也能更快地起到性唤起的效果。

再说一遍，别误会，我不是鼓动所有丈夫都这样做，甚至都这样想。我只是想说，在妻子没有反对或引导的情况下，大多数男性喜欢频繁地、以最刺激的方式进行婚内性行为，这事出有因。所以，你和妻子讨论这个话题时，要完全诚实地直面你的内心，告诉妻子，如果她不反对，什么最能让你高兴。

基于妻子的观点，即性应该是一种建立在爱与关怀、亲密对话基础上的结合体验，她对"我们该如何过性生活"这一问题会有一个非常不同的答案，她会希望性成为更大浪漫体验的一部分。用餐、跳舞、在月光下散步……这些互动都注满了关怀的表达，都能作为引导她获得满意性体验的前戏。从技术上讲，如果丈夫能做一些事来证明自己对妻子的关心，比如饭后洗碗和擦干餐盘，让她可以放松一段时间，妻子就可能愿意和丈夫来一场浪漫的性爱。然而，每个女人都是独一无二的，我当然无法给出一个确切的答案。可以肯定的是，妻子一定有她最喜欢的与丈夫互动的性方式。

当到达双方谈判这个阶段时，你们对如何与对方发生性关系的不同观点将帮助你们理解，为什么你们会一直在性方面发生冲突。我想，你将能够证明我的观点：对丈夫而言，性通常是一个单一的"行为"；而对妻子来说，性往往是一个更大的"事件"。

在观点如此悬殊的情况下，夫妻双方如何就他们的性方式和频率达成热情的共识呢？按照丈夫的性方式，妻子会感觉自己只是一个丈夫用来缓解性渴望的工具；采取妻子的性方式，丈夫会觉得妻子在强加条件，这样一来他根本不可能获得丰富的性生活。

我知道，说太多可能会令人厌烦，但我还是想强调，无论是丈夫还是妻子，他们都会通过性行为来寻求性释放和亲密感。事实上，有些丈夫比妻子更渴望亲密感，有些妻子比丈夫更渴望性释放。但我认为，夫妻之间的主要性目的以及性方式上通常存在差异，了解这一点是大有裨益的。一旦理解了这些差异，你们就可以找到一种方法，在双方热情认同的情况下增加性生活的频率。

如何拥有保质保量的夫妻生活

在得到双方对"为什么以及如何过性生活"的答案后，你们就可以开始头脑风暴解决问题了。假设这个问题与增加性生活频率、提高性满意度有关，我通常建议夫妻双方想办法把"性行为"转变为"性事件"。

我的书《浪漫有对错》中讲爱与关怀的一章提到我的观察结论：当丈夫创造出一种情感环境，也就是全天都有情感交互贯穿时，他就相当于创造了一些条件，使性成为妻子的一个事件。在这项观察中，亲密对话不可或缺。如果男性不断用爱与关怀、亲密对话与女性互动，让她在情感上与他建立联系，那么性就会成为女性选择提升亲密感的重要方式之一。

对于那些在性生活频率问题上苦苦挣扎的夫妻，我经常会给他们布置一项任务，那就是在性生活之前先进行三个小时的爱与关怀、亲密对话。对大多数没有学会为妻子创造情感环境的男性来说，仅仅为了一次性满足就要做这么多准备工作真的太费劲了。他们之所以会这样想，是因为没有满足妻子情感需求的习惯。但是在练习了一段时间并掌握了诀窍之后，他们就会发现自己几乎毫不费力地变得深情而亲和。事实证明，这根本不是工作。他们不再将前期准备视为要求，而会觉得这对夫妻关系至关重要。

当丈夫满足了妻子对爱与关怀、亲密对话的需求后，妻子也会发现自己更容易满足丈夫对性满足的需求了。当然，反之亦然。妻子越能满足丈夫对性满足的需求，丈夫也越容易满足妻子对爱与关怀、亲密对话的需求。

我为夫妻们写了一条规则，帮助他们在情感银行存款，也帮助他们把"性行为"转化为"性事件"，我称之为专注原则：每周至少空出 15 个小时作为夫妻的专注时间，全心全意陪伴伴侣，利用这段时间满足彼此对爱与关怀、亲密对话、性满足和休闲陪伴的情感需求。遵循这条规则的夫妻能够以热情的共识来增加性生活的频率，因为性对夫妻双方来说都是令人满足的。他们通常会计划每周 4 次、每次 4 个小时的约会，每次约会都满足所有 4 种情感需求。在我的书《浪漫有对错》中，你会找到更多关于如何在性满足上达成热情共识的信息。

性的特殊困扰

与你深爱且深爱着你的人拥有浪漫性爱是生命中最愉快和最满足的经历之一。但是很多夫妻，尤其是妻子发现本该享受的事情变成了噩梦。在结婚之初，丈夫对性的看法压倒了妻子的观点，丈夫会强迫妻子按照自己的要求过性生活。虽然妻子顺从了丈夫的要求，但对妻子而言，性成了损伤人格的甚至是痛苦的经历。性不再是丈夫对她表达爱的方式，而是丈夫最自私的行为之一。最终，性生活会演变成她最不想和丈夫做的事，她对性产生了厌恶感。

在这些情况下，我会先帮助妻子克服她的性厌恶，然后再鼓励她与丈夫重新构建亲密关系。我曾帮助一位女士克服性厌恶，我向夫妻二人强调，要将性与爱和舒适联系在一起，而非自私和恐惧。厌恶情绪被克服后，她的丈夫学会了以爱护的方式和妻子开展性互动，而不仅仅是表达他自己的渴望。首先，他会用爱与关怀、亲密对话创建情感环境，随后用一系列令人满足的爱抚触发妻子的性唤起。妻子还发现了能给她带来强烈快感的姿势和动作。当丈夫学会在性和情感上与妻子愉悦互动之后，妻子开始为得到更频繁的性生活而主动与丈夫进行协商。

一部分女性会遇到一个性困扰，即阴道痉挛引起的性交疼痛，这是一种关闭阴道开口的肌肉痉挛。罪魁祸首通常是酵母菌感染，但也有许多其他可能的原因。克服这种困扰的诀窍就是在不触发肌肉收缩反射的情况下轻轻刺激阴道口，试着慢慢插入越来越大的、充分润滑的物体，循序渐进地进行练习，这一困扰通常能在几周内解决。

强忍疼痛过性生活只会让事情变得更糟。疼痛会增强，直到让人无法忍受。如果性生活始终遵循共同协商原则，即使偶尔出现阴道痉挛，你们也能以正确的方式克服它，因为体贴是解决大多数婚姻问题的方法。

想解决性冲突的夫妻需要面临的另一个问题是争吵的倾向。妻子们经常提出一个观点：一场争吵会毁掉爱与关怀、亲密对话搭建起来的情感氛围。争吵是爱与关怀、亲密对话的对立面，这对大多数女性来说是合乎逻辑的，但男性往往不太明白。他们认为"床头打架床尾和"，不管之前发生了什么，他们都希望妻子能接受性，因为他们自己就能接受呀。争吵不一定会降低男性的性欲，但一定会让女性产生足够的情感距离，粉碎她对亲密体验的渴望。多年来我一直在奉劝夫妻双方，应该不惜一切代价避免在婚姻中争吵。

如果你想要更丰富的性生活，那就更该如此。

　　每一段婚姻都是独一无二的，我写的东西不一定普遍适用于你们。有些家庭是妻子想要更频繁的性生活。在这种情况下，丈夫可能是因为睾酮较低而失去了对性的渴望。解决这个问题的办法是去看医生，服用睾酮补充剂。还有可能是因为妻子让丈夫的性生活不愉快，使得丈夫对性产生了厌恶感。我向性厌恶的妻子提出的建议也同样适用于丈夫。

　　性经验不足也会造成婚姻中的性冲突。完整的性体验包括意愿、唤起、平台期（持续期）、高潮、恢复5个阶段。就一对夫妻而言，哪怕只有一方在不知道如何拥有完整性体验的情况下进入婚姻，就可能会造成蜜月灾难。

　　近期，我建议一对夫妻进行性训练，妻子回应说，她不想成为"科学实验的小白鼠"。她认为，如果一对夫妻真的身心交融，他们根本不必学习如何享受性生活，因为这是自然而然的事。从某种意义上说，她说的不无道理。相爱的夫妻会发现，他们对彼此的性反应强烈，他们无须做太多就能触发性体验的每个阶段。但当夫妻一方或双方的热烈情感日渐消散时，如果了解彼此的性反应，他们几乎可以随心所欲地与对方营造曾经的热恋感，这对他们挽回爱情有很大的好处。彼此拥有满足的性体验是获得大量情感银行存款的最佳方式之一。

　　我希望在婚姻中你们能拥有所需要的，我也相信你们都想给予彼此所需要的。唯一的障碍是在发生冲突时无法理解和尊重彼此的观点。请务必认识到你们的观点是相辅相成的，它们都包含了一些真相。因此，在你们达成热情共识的最终解决方案中，双方的观点都应该考虑进去。这个观点能够帮助你们找到超越你们任何一个人能单独想到的最佳解决方案。你们能一起做出更明智的选择、以更充实的方式满足彼此的需求。你会发现，当你们的性方式满足了彼此的性目的时，双方都会更加心满意足。

思考
一下

He
Wins,
She
Wins

1. 当你和对方讨论关于性的问题时，你是否曾经提要求、不尊重对方或表达愤怒？你是否曾经找借口为滥用这些策略辩解？

2. 你是不是认为与其在性问题上争吵，不如做好自认为正确的事，而伴侣只要配合就好？伴侣无法热情认同的事情还被要求配合，可能的结果会是什么？一同讨论婚姻中诸如自慰等其他性行为的单方面决定会对伴侣造成什么影响。

3. 关于性的决定在什么情况下会变成爱情破坏者？你们中是否有任何一方认为自己有权罔顾对方的利益和感受做出关于性的决定？你愿意为了彼此的爱遵循共同协商原则而放弃这一观点吗？

4. 尽可能清楚地描述你们在性方面的冲突，并带着尊重去了解彼此的观点。请使用共同协商原则和成功谈判的 4 个准则，试着通过创建一个双方都热情认同并愿意遵循的解决方案来处理这些冲突。

He
Wins,
She
Wins

第三部分

实用的冲突解决技巧

你已经知道了规则，并且正在尝试按照我推荐的程序进行操作，但是，你可能仍然会发现，解决某些冲突的方法难以捉摸。

　　如果真的碰到这种情况，别担心，这部分内容将讨论夫妻在寻找双赢解决方案时可能遇到的一些常见障碍，以及如何克服这些障碍。

13

情绪激动的时候如何谈判

你一直努力避免吵架，因为你知道吵架无济于事。但是，如果伴侣对待你或忽视你的方式让你感到非常沮丧，这会让你无法控制自己。当你试着和伴侣讨论问题时，他／她的反应让你更加黯然神伤。

这是你的处境吗？

这是个恶性循环。在婚姻中遇到的问题让你坐立不安，解决这些问题刻不容缓。你想要向伴侣传达解决问题的紧迫性，但是对方却不配合。因此，你迫不得已，通过提要求、不尊重对方和表达愤怒来打破谈判的基本规则。这引起了伴侣的注意，但是伴侣依旧没有意识到问题的紧迫性，反而开始认为你们无法理性讨论和解决任何问题。因此伴侣不再尝试解决你们的问题，甚至开始忽视它们，这让你万念俱灰。

在婚姻中，情绪化的主要缺点是几乎无法真正解决冲突。人们情绪化时试图引起伴侣注意的方式会导致情感银行被大量取款。冲突依然在，而夫妻对彼此的爱却逐渐消散。那么，一个情绪化的人怎么可能拥有成功的婚姻呢？这样的人在无法解决任何冲突的情况下怎么可能拥有幸福的婚姻呢？

不过，好消息是，情绪化的人也可以化解婚姻矛盾。我在成千上万的婚姻中见证了他们的成功。解决之道始于他们认识到自己可以学会冷静和理智地讨论问题。不管过去有多情绪化，你都可以学会用优雅和智慧来处理生活中的问题。

想成为一名冷静而明智的谈判者，首先，要假设只有夫妻双方都能冷静而理智地讨论问题、寻找让双方都满意的解决方案，才能找到解决婚姻冲突的双赢方案。任何提要求、不尊重对方或表达愤怒的企图都会阻碍冲突的解决，也会毁掉你们对彼此的爱。

其次，假设只有你能控制自己的情绪反应，没有人能取而代之，而你可以学着控制到位。

当然，伴侣的表现很可能会不尽如人意。他／她可能无法提供你在生活中需要的东西，也可能会说让你不开心的话，做让你不开心的事，但如何回应取决于你自己，没有人能强迫你提要求、不尊重对方或表达愤怒。

让我们在这里停下来好好想一想。如果你不同意这两个假设，说明你还没有准备好接受我的计划。所以你得明确意识到这两点：一是只有抱着双赢的目标冷静讨论，你的问题才会得到解决；二是要为自己的情绪反应承担全部责任，而不是把它归咎于伴侣，否则你将无法用正确的心态来处理婚姻中的常见冲突。

相反，如果你能接受这些假设，那么，你迈出了成为婚姻问题解决专家的第一步，那就是学会在挫折中保持冷静。

学会放松

愤怒只是人面对挫折的众多情绪反应之一。我不仅自己学会了如何消除它，还可以帮助其他人练习如何完全消除它。我年轻的时候脾气非常差，我家的其他成员也大多如此。但当意识到愤怒只会导致事与愿违、让事态更糟，情绪失控也不能归咎于他人时，我开始着手彻底消除自己容易生气的问题了。尽管在生活中也曾有过一些非常糟糕的经历，但我已经50多年没有发过脾气了。

我想推荐的克服愤怒的方法与克服大多数情绪反应的方法非常相似。首先要意识到，没有人能逼迫你做出情绪化反应。无论是愤怒还是其他激烈的情绪反应都是你的，你要对此负全部责任。伴侣无法控制你的情绪反应，只有你自己能控制它。

大多数强烈的情绪反应在神经学方面的原理都是相似的。愤怒和惊恐具有许多相同的生理特征，而克服它们的方法本质上也是一样的。当面对威胁时，我们要么战斗，要么逃跑。我们要么勇敢面对威胁并击败它，要么跑开寻找掩护。如果选择战斗，你会有愤怒的反应；如果选择逃跑，你会有惊恐的反应。但无论哪种情况，体内的肾上腺素都放大了你的反应。

因此，控制愤怒或惊恐的最佳方法是减少血液中的肾上腺素。虽然有许多饮食和医学方法可以实现这一目标，但控制情绪反应最简单的方法之一是学会放松，并且是立即放松。如果练习得足够频繁，你可以在几天内掌握有效的放松技巧。当你练习在思考一些最令人沮丧的情景时放松，就是在为有效的谈判做准备。

就像可以通过跑步训练来提升身体素质和长跑能力、为马拉松做准备一样，你也可以通过训练，让大脑在遇到令人沮丧的情况时使用智慧而非情绪来应对一切。你遇到的每一个糟糕情况都是一次训练的机会。通过放松而不是攻击或逃避，你创造了一个可以深思熟虑地处理这种情况的机会。

虽然大多数人都知道自己究竟是紧张还是放松，但有些人发现，使用某种形式的生物反馈来帮助他们量化自己的努力也很有帮助。一台简单的皮肤电反应仪就可以做到这一点，花 50 ～ 100 美元就能在网上买到它。教授放松技巧的音频 CD 通常也会与这类仪表配套出售。

使用生物反馈仪进行放松训练，其目的是学习在高压力条件下放松。一开始，你只需通过改变想法来学习提高和降低仪表读数。想到一个不愉快的压力情境，读数会上升；想到一个愉快的无压力情境，读数会降低。在可以通过简单思考压力和非压力的情境来操控仪表之后，你的下一个挑战是即使在思考压力情境时也能保持低读数。你可以通过刻意放松身体的每一块肌肉来做到这一点，这么做能帮你降低肾上腺素水平。通过练习，你可以在几秒钟内做到放松，并在生物反馈仪上显示读数变化。你在独处时掌握了放松的技巧以后，再下一个挑战就是在你和伴侣讨论问题时保持较低的读数。起初，你可能会认为自己所有的训练在应用到现实生活中时并没有多大用处，但是通过一些练习，你和伴侣在一起时也能像独处时一样放松。

通过保持较低的仪表读数，你可以控制自己的情绪反应，让大脑有机会真正开始思考解决问题的方法。因为当你变得情绪化时，创造能力会严重受创，你会变得脑袋空空，几乎想不出有价值的想法。

如果你和伴侣都能保证自己在讨论中不会情绪失控，那你们不仅会更有创造力、更能成功找到解决问题的办法，也更可能在问题刚露出苗头的时候就把它消灭。乔伊丝和我会在冲突出现时就将它们搞定，而我们在一起的每个小时至少会出现一个冲突。显而易见，如果我们对冲突束手无策或是不能以正确的方式处理它们，生活自然会充满纷争。

通过控制自己的情绪反应，乔伊丝和我做到了遵循婚姻中成功谈判的第一个准则：让谈判愉快且安全。你们要避免提任何要求，避免表现出任何不尊重，避免表达愤怒。换句话说，要避免情绪化。

如果你们不能控制自己的情绪反应，就无法遵循第二个准则：带着尊重的态度从彼此的角度去理解冲突及可能的解决方案。因为情绪化的伴侣本身就缺乏足够的尊重能力。

第三个准则，以"夫妻双方都满意"为目标，头脑风暴出解决方案。倘若没有第二个准则作基础，这个准则断然不可能实现。最后，如果不遵循第三个准则，也就无法遵循第四个准则，即选择一个让夫妻双方都满意的解决方案。

以上这一切归根结底就是要知道"如何控制自己的情绪反应"。如果你能学会放松，在讨论婚姻冲突时保持情绪稳定，你将更容易解决冲突。但如果你无法自控，你的问题就无法解决。事情就是这么简单。

14

都沉默的时候如何打破僵局

你的婚姻中是否存在沉积多年的问题？你们是否因为从未讨论过这些问题而失去了了解它们的希望？你们是否完全不敢提及这些问题？

成功的婚姻谈判是一项技能，应该在学校里与阅读、写作和算术一样设置课程来教授。因为成功的婚姻谈判会带来幸福的婚姻，而幸福的婚姻又能创造富有成效的家庭，进而使我们的社会蓬勃发展。

但可悲的是，大多数夫妻并不擅长婚姻谈判。当冲突发生时，他们要么为之争吵、剑拔弩张，要么将其掩盖、避而不谈。

假设你和伴侣想去度假，却因为"去哪儿度假"而各执一词。你们中的一人想在离家不远的露营地度过一个星期，而另一人则希望去奥兰多参观迪士尼乐园、海洋世界和环球影城。孩子们都投票支持奥兰多之旅。你不想为此争吵，但还没有学会谈判。如果纠结于这个问题，一直举棋不定，度假终将化为泡影。

所以，要去度假，你们中至少有一个人得让步。到底是去露营还是去奥兰多，就看是谁让步了。我将这类解决婚姻问题的方法称为"牺牲策略"。这是一种无须讨论就能解决问题的方法，但让步者最终会满腹怨气。想去奥兰多度假的人在露营时，尤其在下雨的时候会很不开心，而想去露营的人也不会因为看到米奇而高兴。

夫妻往往也会以同样的方式来处理性冲突。你们中的一方比另一方更想要性生活，这时就会有一方做出牺牲，要么同意更丰富的性生活，要么忍受不够丰富的性生活。无论是哪种方式，你们之间存在的问题都被束之高阁，最终的结果只会是有人心怀怨恨，久久难消。

如果双方都不愿意让步或谈判，你们会选择取消度假。当夫妻双方都不愿谈论性冲突这个问题时，性生活多少就会变成根本没有性生活。当怨恨累积到一定程度时，让步者会决定不再退让，虽然你们的婚姻生活表面看起来也许依旧风平浪静。

这是你处理冲突的方式吗？你会假装冲突不存在吗？如果你的婚姻中有成堆未说出口的问题，我想鼓励你在这周开诚布公，把它们摆到桌面上并开始谈判。

接下来，我会教你一个方法，帮助你更明智地揭开沉积已久的问题。

写一封信

谈论埋藏多年的冲突面临一个隐患，当它们被碰触或挖出时，很可能像地雷一样，炸得你伤痕累累。长年累月的情绪不断积累和酝酿，引入这个话题时，哪怕是最低限度的提要求、不尊重对方和表达愤怒都会牵动脆弱的引线，摧毁任何深思熟虑的、明智的解决方案。

请记住，婚姻中成功谈判的第一个准则是让谈判愉快且安全。当想要谈论一个问题时，你可能会发现自己的情绪占了上风，你根本无法心平气和地继续下去。但是，如果你以书面形式进行谈判，即使在描述问题时情绪激动，也可以重新编辑情绪化的词语，改写任何可能被伴侣解读为提要求、不尊重对方或表达愤怒的句子。

信的开头应该先解释为什么你选择把问题写下来而不是直接谈论它，可以这样写：

嗨，亲爱的：

我知道用这种方式和你讨论问题似乎很奇怪，但如果我们面对面，恐怕我很难表达清楚。因此，如果你允许的话，我想谈谈那些缠绕我已久的困扰，以便我们能共同努力解决问题。这个问题在我们之间已经存在一段时间了，我想我们都出于各种原因对此置若罔闻。也许通过书信交流，我们可以达成一个解决方案。

　　信的下一部分应该说明冲突，并说说你对"如何解决冲突"的看法。再次提醒，切忌写任何可能被解读为提要求、不尊重对方或表达愤怒的话语。

　　我希望能解决这样一个问题，从我的角度来看，我们的性生活不够频繁，性方式也有待改进。我希望每周至少有两次性生活，而且在进入正题之前，我希望我们能花一些时间交谈，相互表达爱意。我想，如果为此每周安排一段共处的时间，比如好好约会，我们就可以做到这一点。

　　在你陈述完问题并表达了自己的观点之后，应该问问伴侣的看法。他对问题本身和你提出的解决方案是怎么想的呢？

　　你觉得呢？你是否也认为我们的性生活不够频繁、性方式不能让你完全满意呢？如果是这样，你想要怎么解决？又或许你对我们当前的性生活频率很满意，目前的性方式也让你很满足，如果是那样的话，你能帮帮我，解决我一直以来的困扰吗？你对我的需求有什么建议吗？期待你的回信，希望我们能一起解决这个问题。

　　我知道这封信看起来很正式，也有些尴尬。但我想，要剖开一个被埋藏已久的问题，这或许已经是一种比较合适的方式了。

　　问题已经摆在桌面上，让我们先思考一下你的伴侣可能会做出的反应。

　　积极回应。你的伴侣富有共情力和创造力地书面回应了你。他／她为未能满足你如此重要的需求而道歉，并表示愿意尽一切努力来解决这个问题。他／她会建议你们每周安排两次约会，而且在进入正题之前先和你亲密交谈、表达爱意，就像你们结婚前所做的那样。在这之后，你们会步入主题。你们可以通过书信来讨论各自对每次约会的感受，以便不断改进。如果你们中的任何一方觉得改变一下会有帮助，可以在避免提要求、不尊重对方或表达愤怒的情况下给对方写信。当你们感到安全时，就可以开始面对面讨论了。

防御性回应。你收到了对方及时的回信，但信的开头却把问题归咎于你。"如果你不是那么忙"，或者"如果你是一个更好的爱人"，又或者"如果你不是那么喜怒无常"，等等，"你就不会有这个困扰"。你们本可以互相尊重地讨论这些问题，但你的伴侣却把它们变成了无礼的指责。伴侣之所以会有这样的反应，主要原因是你没有早一点解决问题。你需要一些帮助来了解如何谈判，学习如何避免提要求、不尊重对方和表达愤怒。当学会了如何安全地谈判后，你们就可以主动解决问题了。

杳无音信。有时会碰到这样的情况，当我的一些客户尝试写信来推动事态发展时，他们的伴侣却把信撕碎扔掉，或者干脆不承认收到过信。这种情况下我通常会建议夫妻暂时分居，同时写信方再写一封信，用略微不同的措辞指出问题亟待解决的事实。如果伴侣对反复提出的问题仍然不给出任何回应，这其实表明你们在感情上已经形同陌路。他／她违背了照顾伴侣的誓言，而照顾伴侣正是婚姻存在的原因。分居两年后，如果另一方仍然不愿意以尊重和明智的方式解决问题，被忽视的一方通常会得出结论，意识到自己的婚姻伴侣已然形同虚设，从而提出离婚。有时，这一决定会促使另一方采取行动。但即使没有真的离婚，另一方不再愿意照顾伴侣的事实也意味着这段婚姻其实早在几年前就结束了。但我发现，大多数情况下，夫妻在分开时是可以学会有效地讨论问题，然后再次幸福美满地生活在一起的。

我曾为许多退休夫妻提供咨询，他们最终解决了在婚姻中忍气吞声了大半辈子的问题。他们很高兴终于解决了问题，但也很遗憾没能早一点做这件事。养育孩子和发展事业的忙碌让他们无暇顾及这些问题，更没能及时解决它们。

不要掩盖你们的婚姻冲突。如果你害怕在婚姻中提出问题，可以试着给伴侣写一封信，让一直困扰你的冲突成为你们生活中的头等大事。夫妻双方可以在互相尊重的前提下共同解决它们。

15

犹豫不决的时候如何做出共同决策

有一个反对共同协商原则的常见理由，那就是当夫妻中的一方在仔细考虑所有选择时，另一方却陷入了绝境。这是因为共同协商原则的默认条件是在达成热情共识之前什么都不做。而对于大多数冲突来说，无所作为往往会让夫妻陷入两败俱伤的境地。

我发现，通过练习，任何一对夫妻在面对冲突时都能学会达成热情的共识。但我承认，当一方犹豫不决时，可能需要更多的谈判练习。一般来说，女性往往比男性更容易犹豫不决。我们之前讨论过女性大脑中丰富的神经连接，因为女性需要处理更多的信息，这不足为奇。而另一个因素也导致了这种犹豫倾向，那就是女性往往比男性更容易焦虑。测量情绪反应的量表，比如哈瑟韦（S.R.Hathaway）和麦金利（J.C.Mckinley）于20世纪40年代制定的明尼苏达多相人格测验（Minnesota Multiphasic Personality Inventory，MMPI），因此作了调整以弥补男女之间可测量的焦虑差异。对男性来说，被判断为异常焦虑的分数放在女性身上则会被判定为正常，这表明女性的焦虑值往往比男性的更高。

但焦虑及由此引发的犹豫不决不应被视为一种人格缺陷。虽然举棋不定很可能会让性格急躁的人感到沮丧，但从大局来看，犹豫不决往往会防止夫妻做出轻率的选择。

如果夫妻双方能尊重彼此的决策风格，无论那是冲动的还是犹豫的，只要调整好节奏继续谈判，直到双方热情地达成共识，他们就能从不同风格中取长补短，避免出现最坏的一面。显而易见，冲动的决策会给人带来很多麻烦，但如果因为过于犹豫而导致停滞不前也不好。鼓励意气用事的人三思而行、花更多时间考虑其他选择，鼓励摇摆不定的人当机立断、测试各种方案来看看它们会有什么结果，这样各人都会从中受益。你们是否曾因为房间墙壁刷什么颜色而发生冲突？冲动型的人可以立刻拍板做出决定，并准备好家具罩布和油漆刷；相反，犹豫型的人可能会在成千上万的色卡中绞尽脑汁，想知道一天中的光线变化会如何影响每一种颜色。你们中是否有一人倾向于冲动鲁莽，而另一人则思虑再三？这样的夫妻怎么才能达成热情的共识呢？如果练习使用成功谈判的 4 个准则，你就能意识到，冲动和犹豫是可以调和的。通过仔细考虑彼此的观点，冲动型的人学会三思而后行的智慧，而犹豫型的人则能意识到，即使结果可能不尽如人意，但测试一种可能性也不会导致灾难。生活中很少有决定是一成不变的，几乎所有决定都可以修改，让夫妻生活更加愉快。你们将学会在达成最终共识之前测试各种可能解决冲突的方法。当你们开始彼此理解和欣赏时，就学到了重要的课程。

还有一个非常重要的警告。要记住，如果一个方案的测试结果不如预期的那样令双方愉快，那就请回到头脑风暴阶段。如果你们为房间选择了一种颜色，但它没有达到夫妻中的任何一方期待的效果，那就请重新粉刷一下房间。

"错误的决定可以被纠正"，这个认知能让犹豫型的人更愿意冒险。

当冲突发生时，你们做出的试探性解决方案究竟有多久的试用期限，这一点在陈述该问题时就要进行讨论，而且还应该留出时间来讨论各种可能性。知道冲突至少暂时得到解决是一种安慰，而当确定好试探性解决方案的试用期限后，你们的创造力会突飞猛进。

当你们做出一个双方都热情认同的方案时，它通常会在相当长的一段时间内保持不变。这个方案带给你们的是一种让双方都开心的生活方式，因此，如果以正确的方式解决冲突，你们会发现自己不必重蹈覆辙，不必又一次陷入冲突而难以解脱。诚然，如果你们中的一方比较优柔寡断，做出决定可能需要更长的时间，但一旦双方达成热情共识，问题就能迎刃而解，你们对彼此的爱也会得以维持。

16

伴侣被动、不作为时如何提高其参与度

共同协商原则的默认条件是达成热情共识前什么都不做。当你们在"做什么"的问题上发生冲突、还没有找到双赢的解决方案时，不要轻举妄动。

有些夫妻会对"什么都不做"的含义感到困惑：到底是指继续做一直在做的事不要改变呢，还是停止做任何事呢？举个例子，如果乔伊丝觉得我开车的速度让她紧张，希望我能放慢速度，那么我是否应该继续以目前的车速行驶，直到我们达成热情的共识为止呢？毕竟，如果我放慢到让她舒服的车速，那就是在做她想做的事，而这对我来说却是一个失败的结果。在这个例子中，"什么都不做"意味着把车停靠在路边，讨论冲突直到达成热情的共识再出发。

显然，共同协商原则的默认条件不是直接解决冲突的方法。事实上，无所作为往往会比继续做任何困扰对方的事情都更糟糕。设置这个默认条件不是为了直接解决问题，而是迫使夫妻花时间以正确的方式一劳永逸地解决问题。

但是，如果"什么都不做"正是伴侣想要的最终结果呢？这往往会导致单赢的结果。

我们在做财务决策时就常常要面临这个问题。丈夫想买新的渔具，妻子却极力反对，因为共同协商原则的默认条件，只要双方没有达成共识就不能购买，所以结果就是妻子赢了，丈夫输了。妻子想给孩子买新书包，丈夫却觉得去年买的还能用，那么结果就是孩子今年没有新书包，丈夫赢了，妻子输了。

为了避免这种令人不满的困境，我鼓励夫妻在达成热情共识以前把所有尚未解决的冲突放在首位。换句话说，夫妻中的任何一方都不应该容忍"无所作为"的结果。

技巧和善意有助于保持谈判的活力

夫妻逃避讨论婚姻冲突往往主要是因为讨论的结果不尽如人意，还有可能会以争吵告终。但是，如果你一直在练习成功谈判的 4 个准则，就意味着你正在学习如何让谈判变得愉快和安全。你会发现自己更容易以达成热情共识的方式解决问题，这也使得你在冲突发生时更容易将问题摆到台面上。

对你来说，目前解决那些引发异常情绪的冲突可能仍然遥不可及，但随着继续练习解决较小的矛盾，你的技能将发展到有助于你处理任何冲突。

除了谈判技巧提升，你可能已经注意到了，你们也正在提升对彼此的善意水平。那是因为想要提升谈判技巧，需要你们更好地了解彼此，这样你们双方才能对结果满意。因此，你们也正在学习如何好好照顾对方。

优秀谈判者的标志就是对谈判伙伴怀有善意。乔伊丝和我能很好地处理冲突，主要原因之一是我俩都想找到能让双方都满意的解决方案。如果我俩知道我们中有一个人对现状不满，就无法安心。如果什么都不做让我们之中的一个人不开心，我俩就会腾出时间一起努力把问题理顺。这就是有成效的谈判者对彼此的感觉。

如果你们成了有成效的谈判者，就会对彼此产生善意，也就无法满足于"什么都不做"的结果。在找到解决方案之前，你们不会将问题搁置不管。

因此，如果你们中的一方明明知道"什么都不做"会引发另一方的不满，仍愿意接受共同协商原则的默认条件，那么，这表明你们练习谈判的时间还不够长，不足以让你们成为有成效的谈判者。你们应该在小冲突上继续练习如何达成热情的共识，学习如何找到双赢而不是单赢的解决方案。随着谈判技巧的提高，你们对彼此的善意也会随之发展，也因此不太可能接受让某一方不开心的现状。

并不是所有的婚姻矛盾都能在合理的时间内得到解决，因此，当夫妻双方陷入僵局时，从其他渠道获得创造性想法有时是很有帮助的。一种可能的渠道是咨询专家，寻找解决婚姻问题的具体方案。我几乎每天都会被夫妻们请求，他们希望我帮助他们想出彼此都会热情认同的方法来解决冲突，而我的回答通常会以"谈判技巧来自反复练习"为前提，这也是为了让夫妻双方能够相信，"保持对彼此的善意"是一条正确的道路。

你越了解双赢在解决婚姻问题上的价值，就越能熟练地找到解决婚姻问题的方法，你们对彼此也会感到越亲近。既然希望彼此幸福，你们就会拒绝让任何一方不满意的永久性结果，包括共同协商原则中"达成热情共识前什么都不做"的默认条件。

17

热情不再时如何重燃激情

作为一名临床心理学家，我接受过训练以帮助那些饱受抑郁之苦的人。这些人在生活中得到的欢乐很少，而悲伤却很多。

他们很难找到热衷的事情。你或你的伴侣是否也有这种感受？如果是这样，你会被排除在婚姻谈判之外吗？

我不希望夫妻接受其中一方感到有压力或有义务同意的选择。当发生这种情况时，即使达成了一致，实际上也不是双赢的结果。我希望夫妻坚持做出能让他们共同幸福的选择，因为这些选择能让情感银行存款增多，而双赢的决定有助于夫妻保持爱情。

我之所以要求夫妻在婚姻中要"热情"达成共识，一定程度上是为了阻止"勉强"达成一致。

临床心理学家发现，双赢还有另外一个作用：让人们免于抑郁。一个人做出的决定只要不以牺牲他人为代价，它越符合决定者自身的利益，决定者往往就越快乐。当决定者做出不情愿的决定时，往往就会很沮丧。我曾经目睹婚姻谈判的一种模式：当夫妻双方接受了勉强达成一致的结果时，至少有一方会感到沮丧，对很多事情都提不起热情。当夫妻中的某一方情绪低落时，勉强同意似乎成了这对夫妻唯一的选择，因为他们会对很多事情都失去热情。

夫妻该如何打破这种模式呢？

在回答这个问题之前，我想先给大家提供一个关于抑郁的简单临床课程。

先从抑郁的定义开始吧。抑郁是一种悲伤的感觉，通常源于无法挽回的失落感。抑郁的人觉得自己永远不会快乐，因为他失去了本可以带给他满足感的东西。没有了这些，幸福对他来说似乎变得遥不可及。

因无法挽回的损失而抑郁的例子有很多。亲人的离世就是抑郁常见的诱因之一，可能会导致痛苦死亡的健康问题是另一个常见的诱因。婚姻领域的常见诱因是外遇。即使背叛的一方结束了外遇并想要回归婚姻，被背叛的一方也常常觉得自己再也无法重新找回对伴侣的信任。没有信任的婚姻永远无法带给人幸福。

然而，即使损失惨重，大多数人也还是能从其他事情中找到快乐。换句话说，抑郁很少是永久性的。人们常常能克服抑郁的感觉，继续快乐。

抑郁的人身上同时兼有真实的成分和非理性的成分。确实，他可能失去了一些能给他带来快乐的东西，但这并不意味着没有这些东西他就无法快乐。这就引出了下面的内容：抑郁分为两种类型，一种是内源性的，另一种是情境性的。内源性抑郁一般出于生理原因，很少或根本没有明确的理性依据，似乎并非由任何真实损失导致。情境性抑郁主要是由生活方式因素造成的，其中引发抑郁的损失显而易见。

在我的职业生涯中，我治疗过的抑郁病例几乎全部是情境性的。当我发现导致抑郁的生活方式并帮助我的客户改变它们时，客户的抑郁通常会消失。我也因此了解到了抑郁的生理机制：内源性因素。损失往往会引发神经层面的生理反应，这些生理反应会制造抑郁的感觉，让人产生无法找到解决方法的绝望感。因此，我通常会建议抑郁的患者服用抗抑郁药物来对抗这些被动诱发的神经生理反应。当他们需要改变生活方式时，配合服用药物能帮助他们变得更乐观、更容易做出改变。

如果没有抗抑郁药物治疗，易感抑郁的人们往往容易做出不理智的决定，反复陷入抑郁的生活方式之中而无法自拔。每当我帮助他们消除了一种不愉快的生活方式，并用更好的东西取而代之时，他们就会做出另一个不理智的决定，导致一些新的不愉快进入他们的生活。解决问题的方法是完全避免做出不理智的决定，并尽可能多地做出热情的决定。但问题就在于，一旦他们陷入抑郁，就不会相信这些替代方案的存在。

正如我所提到的，这是一种自己给自己不断拆台的恶性循环模式：如果你不相信自己可以对任何事情充满热情，就会倾向于接受那些让你沮丧的勉强同意的方案。而如果你抑郁了，你会认为自己对任何事情都失去了热情。

那么，如果将分析应用到这个问题上：当至少有一方对很多事情都失去热情时，夫妻该如何谈判？

首先，如果你对什么都缺乏热情，那么你极有可能陷入了抑郁。抑郁是最常见的精神障碍，对它的治疗通常很成功。因此，你应该接受专门治疗抑郁症的临床心理学家或精神科医生的诊断评估。治疗师会鼓励你服用抗抑郁药物，帮助你对积极改变生活方式感到乐观。他们还会协助你做出这些改变。改变到位后，你将不再需要服药，因为那时你的抑郁会得到缓解。

其次，在克服了抑郁之后，你应该尝试遵循共同协商原则，以便做出所有新的生活方式决策。你会更乐观地为婚姻冲突找到双赢的解决方案，也会因此更有创造力，并因此获得成功。

想一想，抑郁是如何影响你的情感银行的。它会让你在大多数时候郁郁寡欢，即使伴侣尽最大努力满足了你的需求，也不会让情感银行存款增加。换句话说，抑郁会让你几乎失去爱他/她的能力。婚姻的成功取决于快乐的能力，即对自己的生活方式充满热情的能力。因此，如果你一直有抑郁倾向，请帮自己和伴侣一个大忙，接受专业治疗吧。

爱的谈判，让婚姻变成你理想中的样子

　　读到了这里，听从了我一路上给出的建议，你就会看到谈判是多么有效。每当遇到婚姻冲突时，你都将会习惯做出双赢的决定，就像乔伊丝和我处理我们的冲突时一样。你即将迎来一段幸福美满、热情洋溢的婚姻。

　　但如果你读这本书只是为了看看我说了什么，却没有真正开始带着共同的热情去做出什么决定，那是因为你一直在为积累了多年的种种重大冲突而纠结，你对解决这些冲突并无指望，甚至感觉自己和伴侣之间已经到了水火不容、渐行渐远的地步，曾经对彼此的爱已成为遥远的记忆……或许你觉得我的婚姻谈判计划对你来说已无力回天。

　　如果你真是这么想的，那请给我的计划一个机会，让它把婚姻变成你想要的样子。我帮助过成千上万的夫妻学习谈判，经验告诉我，这样的婚姻还没有到无法挽回的地步。任何一对夫妻都有可能就几乎所有事情达成热情的共识。

很少有夫妻能在婚姻伊始就掌握有效谈判的技巧，而且他们中的大多数人终其一生都没有学习过这些技巧。随着新的冲突不断进入日常生活，并因得不到解决而堆积起来，他们最终会得出结论，认为彼此之间合不来。

如果可以的话，我会要求每个大学生都上一门如何通过双赢解决婚姻冲突的课程，这将有助于他们的婚姻成功。如果开设这门课，我相信学生们都会赞同这是他们在学校里学到的最有价值的技能之一。

这是一项必须在教育体系之外学习的技能，而你现在学也不迟。因此，如果你在面对婚姻冲突时尚未遵循共同协商原则，尚未实践成功谈判的 4 个准则，那就从今天开始吧。

不要将就一段没有爱、没有激情的婚姻生活，重拾爱情所需要的只是学会以让你们双方都幸福的方式解决冲突而已。诚然，要做到这一点需要技巧，你可能需要练习一段时间才能掌握。但是，一旦你掌握了这项技能，就将拥有自己梦寐以求的婚姻，不但如此，你还可以教授孩子如何拥有一段成功的婚姻。

婚姻谈判工作表

步骤 1：创建基本原则

基本原则 1： 在整个讨论过程中尽量保持和善愉悦。

基本原则 2： 将安全放在首位，不要在谈判时提要求、不尊重对方或表达愤怒。

基本原则 3： 无论谈判陷入僵局、不知道该如何推进，还是你们中的一方开始提要求、不尊重对方或表达愤怒，都请停止谈判，稍后再继续。

步骤 2：找出问题所在，了解彼此的观点

问题：

_____

_____

_____

_____

你的观点：

_____

_____

_____

_____

伴侣的观点：

_____

_____

_____

_____

步骤 3：找到双方都能接受的解决方案

可能的解决方案：

_____

_____

_____

_____

步骤 4a：选择一个符合共同协商原则的解决方案，并用一周时间测试该解决方案
**　　　　是否可行**

_____

_____

_____

_____

步骤 4b：评估解决方案的有效性，然后（a）必要时返回步骤 3 寻找新的解决方案，或（b）继续实施当前的解决方案

_____

_____

_____

_____

情感需求问卷

© 1986, 2012 by Willard F. Harley, Jr.

姓　名　_____　　　　　　日　期　_____

　　本问卷[①]旨在帮助你确定自己最重要的情感需求，并评估你的伴侣在满足这些需求时的表现。请尽可能坦率地回答所有问题，不要试着削减任何你觉得没有得到满足的需求。如果你需要更多的空间填写答案，可以另外附上一张纸。

　　你的伴侣也应该单独填写一份情感需求问卷，以便你能发现他/她的需求，并评估你在满足这些需求时的表现。

　　完成此问卷后，请检查一遍，以确保你的答案准确反映了你的感受。如果需要更改，请不要擦除你原来的答案，而要轻轻画掉它们，以便你的伴侣可以看到更正的过程，并与你讨论。

　　本问卷的最后一页要求你在 10 个情感需求中选出 5 个，并按其对你的重要性进行排序。最重要的情感需求是指那些在得到满足时让你最快乐，而在未得到满足时让你最沮丧的需求。请避免只将目前伴侣没有满足的需求列为最重要的需求。你需要将所有情感需求都纳入考虑范围，并选出对你来说最重要的那些。

----

① 此问卷仅供个人使用。

1. 爱与关怀。通过语言、卡片、礼物、拥抱、亲吻和献殷勤等无性意味的表达来传递关爱，创造一个清晰且反复表达关爱的环境。

A. 对爱与关怀的需求： 你对爱与关怀的需求水平有多高，请圈出相应的数值。

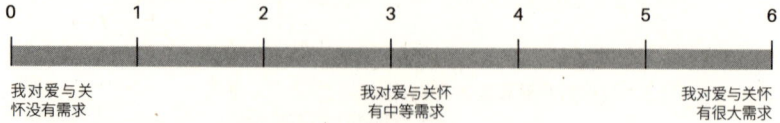

```
0        1        2        3        4        5        6
```

我对爱与关怀没有需求　　　　　　　　我对爱与关怀有中等需求　　　　　　　　我对爱与关怀有很大需求

如果你的伴侣没有向你表达爱意，你是什么感受？

a. 非常不开心　　　　　　　　c. 无所谓

b. 有点不开心　　　　　　　　d. 对没有得到爱与关怀感到开心

当你的伴侣向你表达爱意时，你是什么感受？

a. 非常开心　　　　　　　　c. 无所谓

b. 有点开心　　　　　　　　d. 对得到爱与关怀感到不开心

B. 评估伴侣表达爱与关怀的行动： 你对伴侣对你表达的爱与关怀是否满意，请圈出相应的数值。

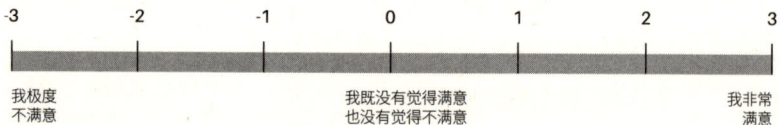

```
-3       -2       -1        0        1        2        3
```

我极度不满意　　　　　　　　我既没有觉得满意也没有觉得不满意　　　　　　　　我非常满意

我的伴侣满足了我所有对爱与关怀的需求。

a. 是　　　　　　　　b. 否

如果你的答案是否定的，那么你希望你的伴侣多久向你表达一次爱与关怀呢？

（每天 / 每周 / 每月）向我表达爱与关怀 ＿＿＿＿＿＿＿ 次。

我喜欢伴侣向我表达爱与关怀的方式。

a. 是　　　　　　　　b. 否

如果你的答案是否定的，请说说在婚姻中伴侣如何做能更好地满足你对爱与关怀的需求。

_____

_____

2. 性满足。一种对你来说足够愉快和频繁的性体验。

A. 对性满足的需求：你对性满足的需求水平有多高，请圈出相应的数值。

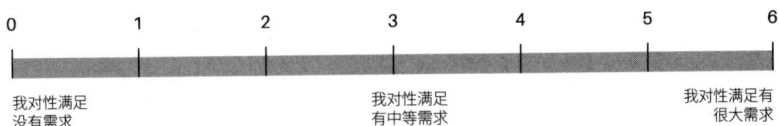

```
0        1        2        3        4        5        6
```

我对性满足　　　　　　　　　　我对性满足　　　　　　　　我对性满足有
没有需求　　　　　　　　　　　有中等需求　　　　　　　　很大需求

当你的伴侣不愿意和你发生性关系时，你是什么感受？

a. 非常不开心　　　　　　　　c. 无所谓

b. 有点不开心　　　　　　　　d. 很开心不用发生性关系

当你的伴侣和你发生性关系时，你是什么感受？

a. 非常开心　　　　　　　　　c. 无所谓

b. 有点开心　　　　　　　　　d. 很不开心发生性关系

B. 评估与伴侣的性关系：你对伴侣与你的性关系是否满意，请圈出相应的数值。

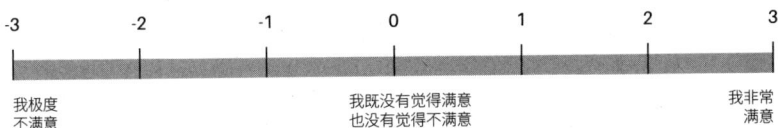

```
-3       -2       -1       0        1        2        3
```

我极度　　　　　　　　　　　我既没有觉得满意　　　　　　我非常
不满意　　　　　　　　　　　也没有觉得不满意　　　　　　满意

伴侣和我发生性关系的频率符合我的需求。

a. 是　　　　　　　　　　　　b. 否

如果你的答案是否定的，那么你希望你的伴侣多久和你发生一次性关系呢？

（每天 / 每周 / 每月）_____ 发生一次性关系。

我喜欢伴侣与我发生性关系的方式。

a. 是　　　　　　　　　　　　b. 否

如果你的答案是否定的，请说说在婚姻中伴侣如何做能更好地满足你对性满足的需求。

_____

_____

_____

_____

3. 亲密对话。谈论感受、个人感兴趣的话题、观点或计划。

A. 对亲密对话的需求：你对亲密对话的需求有多高，请圈出相应的数值。

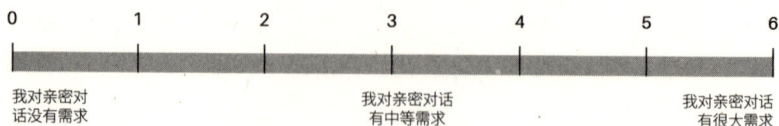

```
0        1        2        3        4        5        6
```

我对亲密对
话没有需求

我对亲密对话
有中等需求

我对亲密对话
有很大需求

当你的伴侣不愿意与你对话时，你会有什么感觉？

a. 非常不开心　　　　　　　　c. 无所谓

b. 有点不开心　　　　　　　　d. 很开心不用对话

当你的伴侣与你对话时，你是什么感受？

a. 非常开心　　　　　　　　　c. 无所谓

b. 有点开心　　　　　　　　　d. 很不开心要对话

B. 评估与伴侣的亲密对话：你对伴侣与你的亲密对话是否满意，请圈出相应的数值。

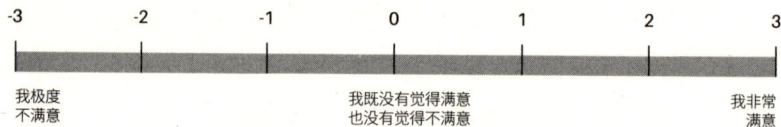

```
-3       -2       -1        0        1        2        3
```

我极度
不满意

我既没有觉得满意
也没有觉得不满意

我非常
满意

伴侣与我对话的频率符合我的需求。

a. 是　　　　　　　　　　　　b. 否

如果你的答案是否定的，那么你希望你的伴侣多久和你对话一次呢？

（每天 / 每周 / 每月）交谈 _____ 次。

（每天 / 每周 / 每月）交谈 _____ 小时。

我喜欢伴侣与我对话的方式。

a. 是　　　　　　　　　　　　b. 否

如果你的答案是否定的，请说说在婚姻中伴侣如何做才能更好地满足你对亲密对话的需求。

_____

_____

4. 休闲陪伴。 与至少一个人一起进行的休闲活动。

A. 对休闲陪伴的需求： 你对休闲陪伴的需求有多高，请圈出相应的数值。

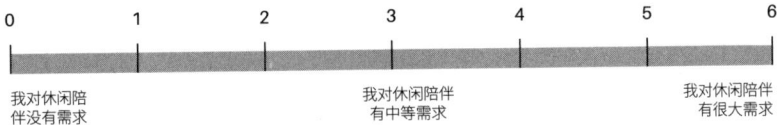

0	1	2	3	4	5	6

我对休闲陪伴没有需求　　　　　我对休闲陪伴有中等需求　　　　　我对休闲陪伴有很大需求

当你的伴侣不愿意与你一起参加休闲活动时，你是什么感受？

a. 非常不开心　　　　　　　　c. 无所谓

b. 有点不开心　　　　　　　　d. 很开心伴侣不参与

当你的伴侣与你一起参加休闲活动时，你是什么感受？

a. 非常开心　　　　　　　　　c. 无所谓

b. 有点开心　　　　　　　　　d. 很不开心伴侣参与

B. 评估伴侣的休闲陪伴： 你对伴侣的休闲陪伴是否满意，请圈出相应的数值。

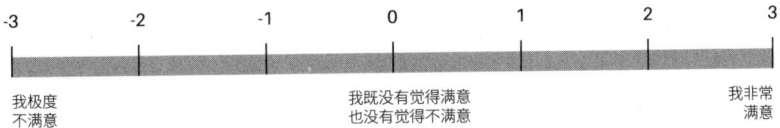

-3	-2	-1	0	1	2	3

我极度不满意　　　　　我既没有觉得满意也没有觉得不满意　　　　　我非常满意

伴侣和我一起参加休闲活动的频率符合我的需求。

a. 是　　　　　　　　　　　b. 否

如果你的答案是否定的，那么你希望你的伴侣多久与你一起参加一次休闲活动呢？

（每天 / 每周 / 每月）参与 _____ 次娱乐活动。

（每天 / 每周 / 每月）参与 _____ 小时的娱乐活动。

我喜欢伴侣与我一起参加休闲活动的方式。

a. 是　　　　　　　　　　　b. 否

如果你的答案是否定的，请说说在婚姻中伴侣如何做才能更好地满足你对休闲陪伴的需求。

_____

_____

5. 开诚布公。 真实、坦率地表达积极和消极的感受，谈论过去的事件、日常事件和日程安排以及对未来的计划。不要给伴侣留下错误的印象。

A. 对开诚布公的需求： 你对开诚布公的需求有多高，请圈出相应的数值。

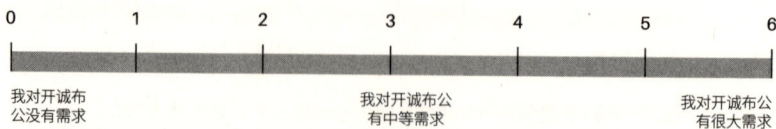

```
0          1          2          3          4          5          6
```

我对开诚布
公没有需求

我对开诚布公
有中等需求

我对开诚布公
有很大需求

当你的伴侣对你不开诚布公时，你会有什么感觉？

a. 非常不开心　　　　　　　　　c. 无所谓

b. 有点不开心　　　　　　　　　d. 很开心伴侣不开诚布公

当你的伴侣对你开诚布公时，你会有什么感觉？

a. 非常开心　　　　　　　　　　c. 无所谓

b. 有点开心　　　　　　　　　　d. 很不开心伴侣开诚布公

B. 评估伴侣的开诚布公： 你对伴侣的开诚布公是否满意，请圈出相应的数值。

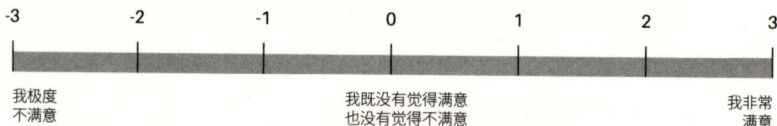

```
-3         -2         -1         0          1          2          3
```

我极度
不满意

我既没有觉得满意
也没有觉得不满意

我非常
满意

你希望伴侣在以下哪些方面能更开诚布公？

a. 分享对生活重要方面的积极和消极情绪反应

b. 分享他 / 她的个人历史信息

c. 分享他 / 她的日常动态信息

d. 分享他 / 她未来的日程安排和计划的信息。

如果以上选项都不符合你想要的，请说说在婚姻中伴侣如何做才能更好地满足你对开诚布公的需求。

_____

_____

_____

_____

6. 身体吸引。 欣赏异性的身体特征，这些特征在美学或性吸引力上令人愉悦。

A. 对身体吸引的需求：你对身体吸引的需求有多高，请圈出相应的数值。

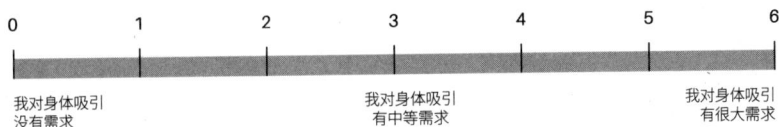

```
0        1        2        3        4        5        6
```

我对身体吸引　　　　　　　　　我对身体吸引　　　　　　　　我对身体吸引
没有需求　　　　　　　　　　　有中等需求　　　　　　　　　有很大需求

当你的伴侣不愿意充分利用他 / 她的身体吸引时，你是什么感受？

a. 非常不开心　　　　　　　　　c. 无所谓

b. 有点不开心　　　　　　　　　d. 很开心他 / 她不在这方面花心思

当你的伴侣充分利用他 / 她的身体吸引时，你是什么感受？

a. 非常开心　　　　　　　　　　c. 无所谓

b. 有点开心　　　　　　　　　　d. 很不开心他 / 她在这方面花心思

B. 评估伴侣的身体吸引：你对伴侣的吸引力是否满意，请圈出相应的数值。

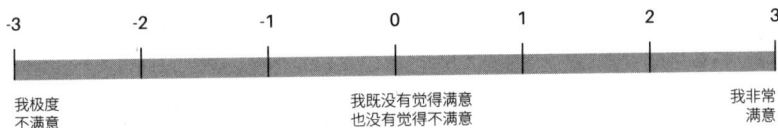

```
-3       -2       -1        0        1        2        3
```

我极度　　　　　　　　　　　我既没有觉得满意　　　　　　我非常
不满意　　　　　　　　　　　也没有觉得不满意　　　　　　满意

你希望伴侣提升以下哪些吸引力特征？

a. 强健的身体素质和正常体重　　　　　d. 良好的个人卫生

b. 有品位的着装　　　　　　　　　　　e. 迷人的面部妆容

c. 好看的发型　　　　　　　　　　　　f. 其他

如果以上选项都不符合你想要的，请说说在婚姻中伴侣如何做才能更好地满足你对身

体吸引的需求。

_____

_____

_____

_____

_____

7. 经济支持。 依据你能接受的生活水平，为你的家庭提供住房、食物和衣服所需的经济资源。

> **A. 对经济支持的需求：** 你对经济支持的需求有多高，请圈出相应的数值。

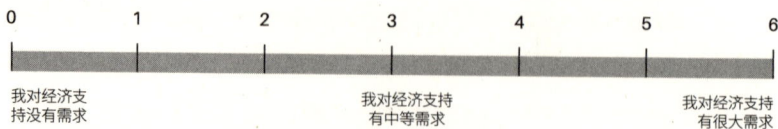

```
0          1          2          3          4          5          6
我对经济支              我对经济支持              我对经济支持
持没有需求              有中等需求               有很大需求
```

当你的伴侣不愿意在经济上支持你时，你是什么感受？

a. 非常不开心   c. 无所谓

b. 有点不开心   d. 很开心没有经济支持

当你的伴侣在经济上支持你时，你是什么感受？

a. 非常开心   c. 无所谓

b. 有点开心   d. 很不开心有经济支持

> **B. 评估伴侣的经济支持：** 你对伴侣的经济支持是否满意，请圈出相应的数值。

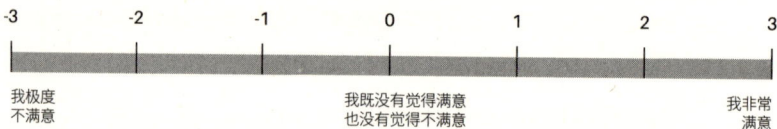

```
-3         -2         -1          0          1          2          3
我极度                 我既没有觉得满意                  我非常
不满意                 也没有觉得不满意                  满意
```

你希望伴侣赚多少钱来支持你？

_____

_____

你希望伴侣每周工作多少小时？

_____

_____

如果伴侣的收入不如你所愿，没有按照你希望的时间工作，没有按照你希望的方式规划收入，或者没有按照你希望的方式获得收入，请说说在婚姻中伴侣如何做才能更好地满足你对经济支持的需求。

_____

_____

8. 家务支持。料理家务和照顾孩子（如果有孩子的话），创造有爱的家庭环境，为你提供一个摆脱压力的避难所。

A. 对家务支持的需求：你对家务支持的需求有多高，请圈出相应的数值。

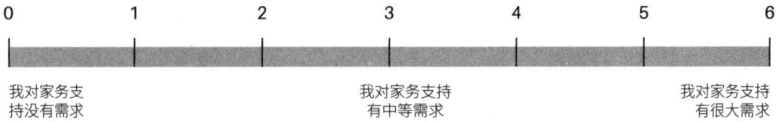

0	1	2	3	4	5	6

我对家务支　　　　　　　　　　我对家务支持　　　　　　　　我对家务支持
持没有需求　　　　　　　　　　有中等需求　　　　　　　　　有很大需求

如果伴侣不愿意为你提供家务支持，你会作何感想？

a. 非常不开心　　　　　　　　c. 无所谓

b. 有点不开心　　　　　　　　d. 很开心没有获得家务支持

当伴侣为你提供家务支持，你会作何感想？

a. 非常开心　　　　　　　　　c. 无所谓

b. 有点开心　　　　　　　　　d. 很不开心获得家务支持

B. 评估伴侣的家务支持：你对伴侣提供的家务支持是否满意，请圈出相应的数值。

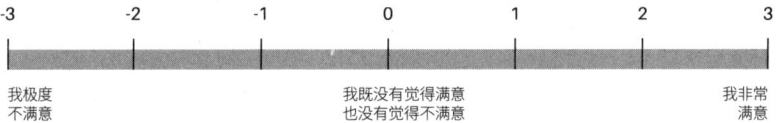

-3	-2	-1	0	1	2	3

我极度　　　　　　　　　　　我既没有觉得满意　　　　　　　我非常
不满意　　　　　　　　　　　也没有觉得不满意　　　　　　　满意

我的伴侣为我提供了所需要的一切家务支持。

a. 是　　　　　　　　　　　　b. 否

我喜欢伴侣提供家务支持的方式。

a. 是　　　　　　　　　　　　b. 否

如果你的答案是否定的，请说说在婚姻中伴侣如何做才能更好地满足你对家务支持的需求。

_____

_____

_____

9. 家庭投入。 在家庭中参与子女的教育与引导。

A. 对家庭投入的需求： 你对家庭投入的需求有多高，请圈出相应的数值。

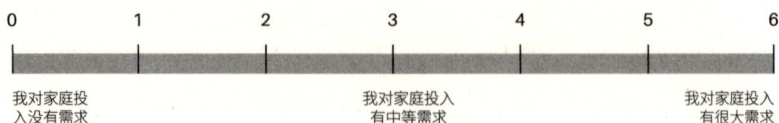

0	1	2	3	4	5	6

我对家庭投
入没有需求

我对家庭投入
有中等需求

我对家庭投入
有很大需求

当你的伴侣不愿意提供家庭投入时，你会作何感想？

a. 非常不开心　　　　　　　　c. 无所谓

b. 有点不开心　　　　　　　　d. 很开心他 / 她不参与

当你的伴侣提供家庭投入时，你会作何感想？

a. 非常开心　　　　　　　　　c. 无所谓

b. 有点开心　　　　　　　　　d. 很不开心他 / 她参与进来

B. 评估伴侣的家庭投入： 你对伴侣的家庭投入是否满意，请圈出相应的数值。

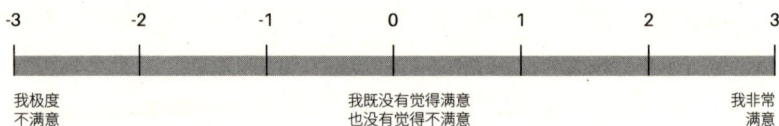

-3	-2	-1	0	1	2	3

我极度
不满意

我既没有觉得满意
也没有觉得不满意

我非常
满意

我的伴侣为家庭付出了足够多的时间。

a. 是　　　　　　　　　　　　b. 否

如果你的答案是否定的，那么你希望伴侣多久参加一次家庭活动呢？

（每天 / 每周 / 每月）参加 _____ 次家庭活动。

（每天 / 每周 / 每月）参加 _____ 小时的家庭活动。

我喜欢伴侣与家人共度时光的方式。

a. 是　　　　　　　　　　　　b. 否

如果你的答案是否定的，请说说在婚姻中伴侣如何做才能更好地满足你对家庭投入的

需求。

_____

_____

10. 赞赏感恩。被尊重、重视和欣赏。

A. 对赞赏感恩的需求：你对赞赏感恩的需求有多高，请圈出相应的数值。

0	1	2	3	4	5	6

我对赞赏感
恩没有需求

我对赞赏感恩
有中等需求

我对赞赏感恩
有很大需求

当你的伴侣不赞赏、不感恩你时，你是什么感受？

a. 非常不开心　　　　　　　　c. 无所谓

b. 有点不开心　　　　　　　　d. 很开心不被赞赏感恩

当你的伴侣赞赏、感恩你时，你是什么感受？

a. 非常开心　　　　　　　　　c. 无所谓

b. 有点开心　　　　　　　　　d. 很不开心被赞赏感恩

B. 评估伴侣的赞赏感恩：你对伴侣对你的赞赏感恩是否满意，请圈出相应的数值。

-3	-2	-1	0	1	2	3

我极度
不满意

我既没有觉得满意
也没有觉得不满意

我非常
满意

我的伴侣满足了我所有的赞赏感恩需求。

a. 是　　　　　　　　　　　　b. 否

如果你的答案是否定的，那么你希望你的伴侣多久对你表达一次赞赏感恩呢？

（每天 / 每周 / 每月）赞赏感恩 ＿＿＿＿＿＿＿ 次。

我喜欢伴侣对我表达赞赏感恩的方式。

a. 是　　　　　　　　　　　　b. 否

如果你的答案是否定的，请说说在婚姻中伴侣如何做才能更好地满足你对赞赏感恩的需求。

_____

_____

_____

将你的情感需求排序

下面列出了 10 种基本的情感需求，我还留出了一些空间，你可以添加其他你觉得对婚姻幸福至关重要的情感需求。根据该需求对你幸福的重要性，在每种需求前面的空白处按照 1～5 排序。在最重要的需求前填写 1，在第二重要的需求前填写 2，以此类推，将对你最重要的 5 个需求进行排序。

为了帮助你对这些需求进行排序，请假设你的婚姻中只有一个需求能得到满足，当你知道其他需求都无法得到满足时，满足哪一个需求会让你最快乐，那么这个需求就应该排在第一位。如果只能满足两个需求，你的第二选择会是什么？满足哪 5 个需求会让你最幸福？

_____	爱与关怀
_____	性满足
_____	亲密对话
_____	休闲陪伴
_____	开诚布公
_____	身体吸引
_____	经济支持
_____	家务支持
_____	家庭投入
_____	赞赏感恩
_____	_____
_____	_____

爱情破坏者问卷

© 1992，2013 by Willard F. Harley，Jr.

姓 名 _____ 日 期 _____

本问卷①旨在帮助识别伴侣之间的爱情破坏者。每当伴侣的习惯让你不开心时，他／她一定是正在受爱情破坏者的驱使。因为引起了你的不快，伴侣从你的情感银行中提取了"爱意金币"，而这反过来又会威胁到你对他／她的浪漫之爱。爱情破坏者有 6 个类别。在这份问卷中，每个类别都有一组专属问题。请尽可能坦率地回答所有问题，不要试图淡化你对伴侣行为的失望情绪。

如果你需要更多的空间填写答案，请另外附纸。

完成此问卷后，请检查一遍，确保你的答案准确体现了你的感受。如果需要更改，请不要擦除原来的答案，而要轻轻画掉，以便伴侣可以看到更正的过程，并与你讨论。

完成这份问卷后，请按照对你的重要性依次把 6 类爱情破坏者排名。完成对爱情破坏者的排名后，你可能会发现，你关于爱情破坏者这个问题的回答与最终排名不一致。这种不一致很常见，它往往反映了你对自己的感受理解得不够透彻。如果发现不一致之处，请与伴侣讨论，帮助澄清你的感受。

---

① 此问卷仅供个人使用。

1. 自私的要求：伴侣会试图强迫你为他 / 她做某事，如果你拒绝，通常会被威胁将要受到惩罚。

A. 因为伴侣提出的自私要求而不快乐：当伴侣向你提出自私要求时，你感到不快乐的程度有多深，请圈出相应的数值。

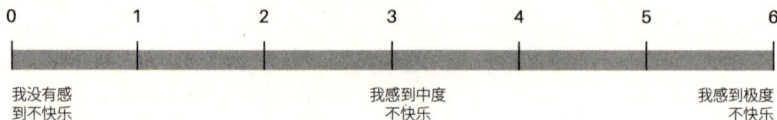

0	1	2	3	4	5	6

我没有感
到不快乐

我感到中度
不快乐

我感到极度
不快乐

B. 自私要求的频率：伴侣向你提出自私要求的频率有多高？

（每天 / 每周 / 每月 / 每年）提出 ＿＿＿＿＿＿ 次。

C. 自私要求的形式：当伴侣向你提出自私要求时，他 / 她通常会做什么？

＿＿＿＿＿＿＿＿＿＿＿＿＿＿＿＿＿＿＿＿＿＿＿＿＿＿

＿＿＿＿＿＿＿＿＿＿＿＿＿＿＿＿＿＿＿＿＿＿＿＿＿＿

D. 最令人不快的提出自私要求的形式：以上哪种形式的自私要求让你最不愉快？

＿＿＿＿＿＿＿＿＿＿＿＿＿＿＿＿＿＿＿＿＿＿＿＿＿＿

＿＿＿＿＿＿＿＿＿＿＿＿＿＿＿＿＿＿＿＿＿＿＿＿＿＿

E. 自私要求的开始：伴侣第一次向你提出自私要求是什么时候？

＿＿＿＿＿＿＿＿＿＿＿＿＿＿＿＿＿＿＿＿＿＿＿＿＿＿

＿＿＿＿＿＿＿＿＿＿＿＿＿＿＿＿＿＿＿＿＿＿＿＿＿＿

F. 自私要求的变化：自从伴侣开始提出自私要求后，他 / 她提出自私要求的强度或频率是否增加或减少？近期的自私要求与过去相比有何变化？

＿＿＿＿＿＿＿＿＿＿＿＿＿＿＿＿＿＿＿＿＿＿＿＿＿＿

＿＿＿＿＿＿＿＿＿＿＿＿＿＿＿＿＿＿＿＿＿＿＿＿＿＿

2. 缺乏尊重的指责与批判：伴侣试图强迫你按照他 / 她的思维方式行事，以改变你的态度、信仰和行为。

A. 因为伴侣缺乏尊重的指责与批判而不快乐：当伴侣对你做出不尊重的指责与批判时，你感到不快乐的程度有多深，请圈出相应的数值。

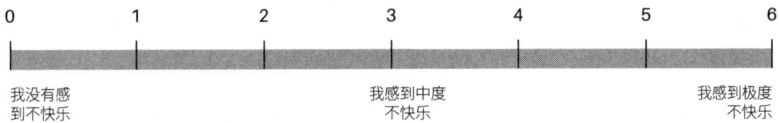

0	1	2	3	4	5	6

我没有感　　　　　　　　　　我感到中度　　　　　　　　　　我感到极度
到不快乐　　　　　　　　　　不快乐　　　　　　　　　　　　不快乐

B. 伴侣缺乏尊重的指责与批判的频率：伴侣对你做出缺乏尊重的指责与批判的频率有多高？

（每天 / 每周 / 每月 / 每年）＿＿＿＿＿＿＿次。

C. 缺乏尊重的指责与批判的形式：当伴侣对你做出不尊重的指责与批判时，他 / 她通常会做什么？

＿＿＿＿＿＿＿＿＿＿＿＿＿＿＿＿＿＿＿＿＿＿＿＿

D. 最令人不快的缺乏尊重的指责与批判的形式：以上哪种形式的缺乏尊重的指责与批判让你最不愉快？

＿＿＿＿＿＿＿＿＿＿＿＿＿＿＿＿＿＿＿＿＿＿＿＿

E. 缺乏尊重的指责与批判的开始：伴侣第一次对你做出缺乏尊重的指责与批判是什么时候？

＿＿＿＿＿＿＿＿＿＿＿＿＿＿＿＿＿＿＿＿＿＿＿＿

F. 缺乏尊重的指责与批判的变化：自从伴侣对你做出缺乏尊重的指责与批判后，该行为的强度或频率是否增加或减少？近期的缺乏尊重的指责与批判与过去相比有何变化？

＿＿＿＿＿＿＿＿＿＿＿＿＿＿＿＿＿＿＿＿＿＿＿＿

3. 表达愤怒： 伴侣因为对你发怒而故意伤害你，通常以口头或身体攻击的形式出现。

A. 因为伴侣表达愤怒而不快乐： 当伴侣因为愤怒爆发而攻击你时，你感到不快乐的程度有多深，请圈出相应的数值。

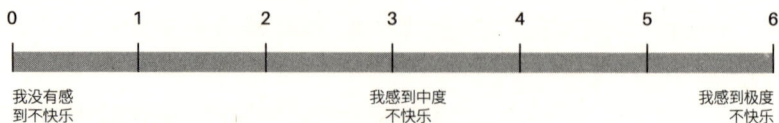

0	1	2	3	4	5	6

我没有感
到不快乐

我感到中度
不快乐

我感到极度
不快乐

B. 伴侣表达愤怒的频率： 伴侣对你发怒的频率有多高？

（每天 / 每周 / 每月 / 每年）会发怒 ＿＿＿＿＿＿ 次。

C. 表达愤怒的形式： 当伴侣对你表达愤怒时，他 / 她通常会做什么？

＿＿＿＿＿＿＿＿＿＿＿＿＿＿＿＿＿＿＿＿＿＿＿＿＿

＿＿＿＿＿＿＿＿＿＿＿＿＿＿＿＿＿＿＿＿＿＿＿＿＿

D. 最令人不快的表达愤怒的形式： 以上哪种形式的表达愤怒让你最不愉快？

＿＿＿＿＿＿＿＿＿＿＿＿＿＿＿＿＿＿＿＿＿＿＿＿＿

＿＿＿＿＿＿＿＿＿＿＿＿＿＿＿＿＿＿＿＿＿＿＿＿＿

E. 表达愤怒的开始： 伴侣第一次对你发脾气是什么时候？

＿＿＿＿＿＿＿＿＿＿＿＿＿＿＿＿＿＿＿＿＿＿＿＿＿

＿＿＿＿＿＿＿＿＿＿＿＿＿＿＿＿＿＿＿＿＿＿＿＿＿

F. 表达愤怒的变化： 自从伴侣第一次表达愤怒后，该行为的强度或频率是否增加或减少？近期的表达愤怒与过去相比有何变化？

＿＿＿＿＿＿＿＿＿＿＿＿＿＿＿＿＿＿＿＿＿＿＿＿＿

＿＿＿＿＿＿＿＿＿＿＿＿＿＿＿＿＿＿＿＿＿＿＿＿＿

4. 不诚实：伴侣不透露他 / 她的想法、感受、习惯、好恶、个人过往、日常活动和未来计划。不诚实不仅是提供有关上述任何主题的虚假信息，还包括故意给你留下关于他 / 她的虚假印象。

A. 因为伴侣不诚实而不快乐：当伴侣对你不诚实时，你感到不快乐的程度有多深，请圈出相应的数值。

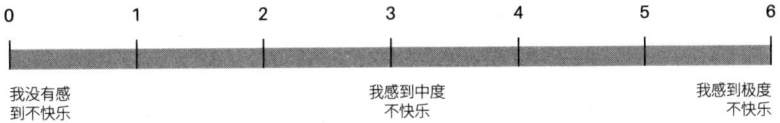

0	1	2	3	4	5	6

我没有感
到不快乐

我感到中度
不快乐

我感到极度
不快乐

B. 伴侣不诚实的频率：伴侣对你不诚实的频率有多高？

（每天 / 每周 / 每月 / 每年）发生 ＿＿＿＿＿＿＿＿ 次。

C. 不诚实的形式：当伴侣对你不诚实时，他 / 她通常会做什么？

＿＿＿＿＿＿＿＿＿＿＿＿＿＿＿＿＿＿＿＿＿＿＿＿＿＿＿＿

＿＿＿＿＿＿＿＿＿＿＿＿＿＿＿＿＿＿＿＿＿＿＿＿＿＿＿＿

D. 最令人不快的不诚实的形式：以上哪种形式的不诚实让你最不愉快？

＿＿＿＿＿＿＿＿＿＿＿＿＿＿＿＿＿＿＿＿＿＿＿＿＿＿＿＿

＿＿＿＿＿＿＿＿＿＿＿＿＿＿＿＿＿＿＿＿＿＿＿＿＿＿＿＿

E. 不诚实的开始：伴侣第一次对你不诚实是什么时候？

＿＿＿＿＿＿＿＿＿＿＿＿＿＿＿＿＿＿＿＿＿＿＿＿＿＿＿＿

＿＿＿＿＿＿＿＿＿＿＿＿＿＿＿＿＿＿＿＿＿＿＿＿＿＿＿＿

F. 不诚实的变化：自从伴侣第一次对你不诚实后，该行为的强度或频率是否增加或减少？近期的不诚实与过去相比有何变化？

＿＿＿＿＿＿＿＿＿＿＿＿＿＿＿＿＿＿＿＿＿＿＿＿＿＿＿＿

＿＿＿＿＿＿＿＿＿＿＿＿＿＿＿＿＿＿＿＿＿＿＿＿＿＿＿＿

5. 烦人的习惯行为： 让你烦恼的伴侣不假思索的重复性行为。这些习惯行为包括个人举止，比如伴侣吃饭的方式、打扫卫生的方式、说话的方式等。

A. 因为伴侣烦人的习惯行为而不快乐： 当伴侣做出烦人的习惯行为时，你感到不快乐的程度有多深，请圈出相应的数值。

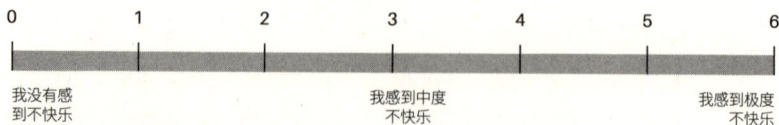

0	1	2	3	4	5	6

我没有感
到不快乐　　　　　　　　　　我感到中度　　　　　　　　　　我感到极度
　　　　　　　　　　　　　　不快乐　　　　　　　　　　　　不快乐

B. 烦人习惯行为的频率： 伴侣做出烦人习惯行为的频率有多高？

（每天 / 每周 / 每月 / 每年）都会出现＿＿＿＿＿＿次。

C. 烦人习惯行为的形式： 当伴侣做出烦人习惯行为时，他 / 她通常会做什么？

_____

_____

D. 最令人不快的烦人习惯行为的形式： 以上哪种形式的烦人习惯行为让你最不愉快？

_____

_____

E. 烦人习惯行为的开始： 伴侣第一次做出烦人习惯行为是什么时候？

_____

_____

F. 烦人习惯行为的变化： 自从伴侣第一次做出烦人习惯行为后，该行为的强度或频率是否增加或减少？近期的烦人习惯行为与过去相比有何变化？

_____

_____

6. 以自我为中心的行为：伴侣不考虑你的感受而做出的行为。这些行为通常是有计划的，需要经过深思熟虑才能完成，例如参加体育赛事或执行个人锻炼计划。

A. 因为伴侣以自我为中心的行为而不快乐：当伴侣做出以自我为中心的行为时，你感到不快乐的程度有多深，请圈出相应的数值。

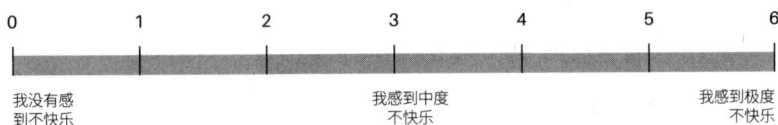

0	1	2	3	4	5	6

我没有感 我感到中度 我感到极度
到不快乐 不快乐 不快乐

B. 以自我为中心行为的频率：伴侣做出以自我为中心行为的频率有多高？

（每天／每周／每月／每年）都会做出 ＿＿＿＿＿＿＿＿ 次。

C. 以自我为中心行为的形式：当伴侣做出以自我为中心行为时，他／她通常会做什么？

_____

_____

D. 最令人不快的以自我为中心行为的形式：以上哪种形式的以自我为中心行为让你最不愉快？

_____

_____

E. 以自我为中心行为的开始：伴侣第一次做出以自我为中心行为是什么时候？

_____

_____

F. 以自我为中心行为的变化：自从伴侣第一次做出以自我为中心行为后，该行为的强度或频率是否增加或减少？近期的以自我为中心行为与过去相比有何变化？

_____

_____

爱情破坏者排序

　　下面列出了爱情破坏者的 6 个基本类别，我还留出了一些空间，你可以添加其他你觉得会导致你的婚姻不幸福的破坏者。请根据该类别导致你不愉快的程度，在每个类别前面的空白处按照 1 ～ 6 排序。在最让你不愉快的爱情破坏者前填写 1，在第二让你不愉快的爱情破坏者前填写 2……以此类推，直到你将名次排满。

　　_____　自私的要求

　　_____　缺乏尊重的指责与批判

　　_____　表达愤怒

　　_____　不诚实

　　_____　烦人的习惯行为

　　_____　以自我为中心的行为

　　_____　_____

　　_____　_____

未来，属于终身学习者

我们正在亲历前所未有的变革——互联网改变了信息传递的方式，指数级技术快速发展并颠覆商业世界，人工智能正在侵占越来越多的人类领地。

面对这些变化，我们需要问自己：未来需要什么样的人才？

答案是，成为终身学习者。终身学习意味着永不停歇地追求全面的知识结构、强大的逻辑思考能力和敏锐的感知力。这是一种能够在不断变化中随时重建、更新认知体系的能力。阅读，无疑是帮助我们提高这种能力的最佳途径。

在充满不确定性的时代，答案并不总是简单地出现在书本之中。"读万卷书"不仅要亲自阅读、广泛阅读，也需要我们深入探索好书的内部世界，让知识不再局限于书本之中。

湛庐阅读 App: 与最聪明的人共同进化

我们现在推出全新的湛庐阅读 App，它将成为您在书本之外，践行终身学习的场所。

- 不用考虑"读什么"。这里汇集了湛庐所有纸质书、电子书、有声书和各种阅读服务。
- 可以学习"怎么读"。我们提供包括课程、精读班和讲书在内的全方位阅读解决方案。
- 谁来领读？您能最先了解到作者、译者、专家等大咖的前沿洞见，他们是高质量思想的源泉。
- 与谁共读？您将加入优秀的读者和终身学习者的行列，他们对阅读和学习具有持久的热情和源源不断的动力。

在湛庐阅读 App 首页，编辑为您精选了经典书目和优质音视频内容，每天早、中、晚更新，满足您不间断的阅读需求。

【特别专题】【主题书单】【人物特写】等原创专栏，提供专业、深度的解读和选书参考，回应社会议题，是您了解湛庐近千位重要作者思想的独家渠道。

在每本图书的详情页，您将通过深度导读栏目【专家视点】【深度访谈】和【书评】读懂、读透一本好书。

通过这个不设限的学习平台，您在任何时间、任何地点都能获得有价值的思想，并通过阅读实现终身学习。我们邀您共建一个与最聪明的人共同进化的社区，使其成为先进思想交汇的聚集地，这正是我们的使命和价值所在。

CHEERS

湛庐阅读 App
使用指南

读什么
- 纸质书
- 电子书
- 有声书

与谁共读
- 主题书单
- 特别专题
- 人物特写
- 日更专栏
- 编辑推荐

怎么读
- 课程
- 精读班
- 讲书
- 测一测
- 参考文献
- 图片资料

谁来领读
- 专家视点
- 深度访谈
- 书评
- 精彩视频

图书 〉 课程 〉 精读班 〉 有声书 〉 电子

对话最伟大的头脑系列12册套装:
将你带向知识的顶端

点击读书

晨听 　　　　　　　　　　更多 〉

我们为什么需要阅读?
阅读是砍向我们内心冰封大海的斧头

《论语》精读班 上新
**中国的
积极心理学**

依据哈佛大学经典研究

首页　　商城　　发现　　已购　　我的

HERE COMES EVERYBODY

下载湛庐阅读 App
一站获取阅读服务

图书在版编目（CIP）数据

爱情没输赢 /（美）威拉德·哈利
（Willard F. Harley, Jr.）著；叶壮译 . -- 杭州：浙
江教育出版社，2025. 4. -- ISBN 978-7-5722-9598-0

Ⅰ. C913.13-49

中国国家版本馆 CIP 数据核字第 2025BV8861 号

上架指导：两性 / 沟通

浙 江 省 版 权 局
著作权合同登记号
图字 :11-2024-568号

爱情没输赢
AIQING MEI SHUYING

[美] 威拉德·哈利（Willard F. Harley, Jr.） 著
叶 壮 译

责任编辑：刘姗姗
美术编辑：钟吉菲
责任校对：李　剑
责任印务：陈　沁
封面设计：2728 Design

出版发行：浙江教育出版社（杭州市环城北路 177 号）
印　　刷：唐山富达印务有限公司
开　　本：710mm ×965mm 1/16　　　　**插　页：**1
印　　张：11.5　　　　　　　　　　　　**字　数：**140 千字
版　　次：2025 年 4 月第 1 版　　　　　**印　次：**2025 年 4 月第 1 次印刷
书　　号：ISBN 978-7-5722-9598-0　　　**定　价：**89.90 元

如发现印装质量问题，影响阅读，请致电 010-56676359 联系调换。

婚姻双赢工具箱

5大矛盾拆解＋沟通策略＋爆款工具
不会谈判，再好的婚姻也会输

He
Wins,
She
Wins
目 录

01   你掉进亲密关系中的"非输即赢"陷阱了吗　3

02   双赢沟通四步法　12

03   5大高频冲突全拆解　16

04   爆款工具包　23

05   冲突观察手记: 他人矛盾中的解决策略　29

He
Wins,
She
Wins

01
你掉进亲密关系中的"非输即赢"陷阱了吗

你解决冲突的风格是牺牲型、独裁型还是躺平型？

姓名 _____ **日期** _____

当夫妻发生冲突时，大多数人并不会停下来思考："嗯，这场争执该用什么妙招来化解呢？"相反，我们通常会遵从本能反应，直接开启"自动驾驶"模式。而这个模式，往往意味着"一个赢，一个输"，结果可能比想象中更伤感情。

那么，你平时都在用哪些策略来处理冲突呢？来做个小测试！这份问卷会帮你看清楚：当矛盾出现时，你的"下意识反应"到底是哪一种？认清自己的模式，才能更好地优化关系！

请仔细阅读每一项描述，并在最符合你情况的百分位上打勾。

牺牲式

1

当你和伴侣发生冲突时，你会自愿牺牲自己的利益，以便让伴侣得到他／她想要的东西，并不让他／她察觉你做出的自我牺牲。

- 你选择牺牲自己的利益以解决冲突，且把伴侣蒙在鼓里，这种情况发生的概率是多少？

  0   100%

- 当你这样做时，成功解决冲突的概率有多高？

  0   100%

- 伴侣选择牺牲自己的利益以解决冲突，且把你蒙在鼓里，这种情况发生的概率是多少？

  0   100%

- 当伴侣这样做时，成功解决冲突的概率有多高？

  0   100%

妥协式

2

当你和伴侣发生冲突时，你向伴侣表达了自己想要的解决方式，但你屈服于伴侣的意愿，不过你会让伴侣知道这不是你想要的。

- 在解决冲突的过程中，你屈服于伴侣的意愿，但会让伴侣知道这不是你想要的，这种情况发生的概率是多少？

0   100%

- 当你这样做时，成功解决冲突的概率有多高？

0   100%

- 在解决冲突的过程中，伴侣屈服于你的意愿，但伴侣会让你知道这不是他 / 她想要的，这种情况发生的概率是多少？

0   100%

- 当伴侣这样做时，成功解决冲突的概率有多高？

0   100%

独裁者式
3

当你和伴侣发生冲突时，你会要求按照自己的意愿行事，伴侣没有拒绝的权利。

- 你要求按照自己的意愿行事，伴侣没有拒绝的权利，这种情况发生的概率是多少？

  0 ———————————————————————————— 100%

- 当你这样做时，成功解决冲突的概率有多高？

  0 ———————————————————————————— 100%

- 伴侣要求按照他／她的意愿行事，你没有拒绝的权利，这种情况发生的概率是多少？

  0 ———————————————————————————— 100%

- 当伴侣这样做时，成功解决冲突的概率有多高？

  0 ———————————————————————————— 100%

独裁者决斗式

4

当你和伴侣发生冲突时，你向伴侣陈述你偏好的解决方案，伴侣也向你陈述他 / 她偏好的解决方案。然后你们会为"到底听谁的"而争吵。

- 你们向对方陈述各自偏好的解决方案，然后为"到底听谁的"而争吵，这种情况发生的概率是多少？

0   100%

- 当你们这样做时，成功解决冲突的概率有多高？

0   100%

无政府式

5

当你和伴侣因为你想做的事而争吵时，你会不顾伴侣的反对一意孤行（独裁者策略是命令伴侣为你做一些他／她反对做的事，无政府策略是忽略伴侣不想让你做的意愿，而一意孤行、自顾自地做某件事）。

- 当你和伴侣因为你想做的事而发生冲突时，你会无视伴侣的反对意见，这种情况发生的概率是多少？

  0 |———|———|———|———|———|———|———|———|———| 100%

- 当你这样做时，成功解决冲突的概率有多高？

  0 |———|———|———|———|———|———|———|———|———| 100%

- 当你和伴侣因为他／她想做的事而发生冲突时，伴侣会无视你的反对意见，这种情况发生的概率是多少？

  0 |———|———|———|———|———|———|———|———|———| 100%

- 当伴侣这样做时，成功解决冲突的概率有多高？

  0 |———|———|———|———|———|———|———|———|———| 100%

双赢式

6

当你和伴侣发生冲突时，你向伴侣表达你偏好的解决方案，但在找到双方都热情达成共识的解决方案之前，你会按兵不动，什么都不做。

- 你向伴侣表达你偏好的解决方案，但在找到双方都热情达成共识的解决方案之前，你会按兵不动，什么都不做，这种情况发生的概率是多少？

  0   100%

- 当你这样做时，成功解决冲突的概率有多高？

  0   100%

- 伴侣向你表达她偏好的解决方案，但在找到双方都热情达成共识的解决方案之前，他 / 她会按兵不动，什么都不做，这种情况发生的概率是多少？

  0   100%

- 当伴侣这样做时，成功解决冲突的概率有多高？

  0   100%

你对以上各种策略的使用概率只是一个粗略的估计。但当你完成评估时，它们加起来的总和应该是 100%。

	你的使用情况	你伴侣的使用情况
牺牲策略		
妥协策略		
独裁者策略		
独裁者决斗策略		
无政府策略		
双赢策略		
总计		

He
Wins,
She
Wins

02
双赢沟通
四步法

解决婚姻冲突最好的方法是找到一个让夫妻双方都快乐的解决方案。换句话说，夫妻双方应该尽可能地去使用双赢的策略。它会引向现实的期待；它往往是可持续的；它避免了反感；它消除了怨恨；它给情感银行不断注入爱意金币。

　　然而，这并不是大多数夫妻解决冲突的方式。相反，他们更多使用上一节中的一种或多种非输即赢策略。为什么会这样呢？无非是因为非输即赢的策略用起来几乎出自本能，更加轻松、更不费脑筋而已。

　　如果你不太擅长与伴侣在婚姻冲突中达成热情的共识，那么接下来的内容就是为你准备的。

　　不管遇到什么样的冲突，你们的目标是持续讨论各种选项，直到达成热情的共识。这是双方都能成为赢家的唯一方法。如果你认为双赢遥不可及，想重拾非输即赢的策略，那么你必须提醒自己，要把注意力集中在目标上——为所面临的冲突找到一个双赢的解决方案。

01

**第一步
建立共识**

关键点

- 夫妻沟通的最大误区是带着结论开始谈话，而不是先建立共识。
- 先弄清楚冲突的核心问题是什么，而不是直接指责对方。
- 区分事实和情绪，避免用"你总是……""你从来不……"等指责性语言。

实操方法

- 描述事实，不带情绪。例如："过去一个月，你每周五都会和朋友聚会。"
- 表达个人感受。例如："我感觉我们的家庭时间减少了，这让我有些失落。"
- 询问对方的想法。例如："你是怎么考虑这件事的？"

02

**第二步
需求澄清**

关键点

- 夫妻争吵往往停留在表面问题，但真正的矛盾往往是深层需求没有被满足。
- 夫妻双方需要换位思考，理解对方的真实需求，而不是停留在对抗立场。

实操方法

- 用"为什么"深入挖掘。例如："你为什么坚持这么做？"
- 换位思考，理解对方的核心需求。例如："我想知道，你为什么喜欢这样安排你的时间？"
- 总结对方的诉求，确认理解无误。例如："所以你的想法是，你需要一些社交时间来放松，对吗？"

03

**第三步
寻找共赢
方案**

关键点

- 夫妻谈判不是"你输我赢"，而是找到双方都能接受的方案。
- 妥协≠共赢，真正的共赢是找到一个更好的新方案，而不是谁让步更多。

实操方法

- 列出双方接受的选项。例如："你觉得哪些解决方案是可以接受的？"
- 提出创新性的解决方案。例如："如果我们每个月安排固定的家庭日，同时你也保留一部分社交时间呢？"
- 测试和调整方案。例如："我们先试一个月，看看是否需要调整，你觉得呢？"

04

**第四步
执行
与反馈**

关键点

- 很多夫妻即使谈妥了方案，但没有监督执行，最终还是回到原来的矛盾。
- 需要定期复盘和调整，确保方案真正有效，而不是一时的敷衍。

实操方法

- 制定清晰的执行方案。例如："我们每周设定一次家庭会议，回顾进展。"
- 避免"口头协议"，用行动来建立信任。例如："我们把育儿分工写下来，贴在冰箱上。"
- 设定调整机制。例如："我们试行一个月，如果不合适再调整。"

He
Wins,
She
Wins

03
5大高频冲突
全拆解

过日子就像合伙开公司——会谈判的夫妻年年分红，光吵架的只能破产重组。

结婚不难，难的是在漫长的日常琐碎中，如何既能保留自己的空间，又能和另一半共同进化。从亲密关系到育儿分工，从财务自由到家庭责任，婚姻中的高频矛盾就像一张雷区地图，不小心踩上去就是一场战争。

幸运的是，除了牺牲或非输即赢，还有第三种解决方案，帮我们避免内耗，让爱情经得起生活的考验。

怎么平衡家庭和朋友
才不伤感情？

艾米看着丈夫山姆每周四雷打不动出门打篮球的背影，第 N 次红了眼眶。她想起自己在军人家庭长大的童年——父亲总在出任务，表妹生日时有爸爸陪吃蛋糕的画面让她嫉妒到失眠。如今她成了"篮球寡妇"，5 岁儿子睡前总问："爸爸今天又不讲故事吗？"而山姆也满腹委屈：这群兄弟陪他熬过失业低谷，现在突然要他"断交"，简直像被最亲的人背叛。更糟的是，兄弟群里开始流传"妻管严"的调侃表情包……

双赢解法：共同参与 + 双向筛选

✓ 将兄弟聚会升级为"家庭友好型"活动，如郊游 / 野餐。

✓ 筛选价值观契合的朋友：若朋友排斥妻子参与，自动降级关系。

✓ 反向融入：丈夫主动接触妻子的社交圈。

爱人频繁出差，
如何建立信任不让感情生变？

2

凌晨 2 点，卡罗尔第 3 次查看手机定位——艾伦的出差定位显示在酒吧街区。她想起闺蜜说的"男人出差＝放虎归山"，脑补的画面让她胃部抽搐。而酒店里的艾伦正灌着黑咖啡改 PPT，听到妻子查岗的语音带着哭腔，他烦躁得摔了笔："难道要我辞职当家庭煮夫？"最扎心的是 3 岁女儿视频时脱口而出的"叔叔带我玩"，虽然只是邻居帮忙，却像根刺扎进他心里……

双赢解法：共同参与 + 双向筛选

☑ 协商调岗：主动申请减少出差，接受薪资缩减，但保全婚姻。

☑ 制定"情感充电计划"：每天视频通话 + 惊喜小礼物。

☑ 建立信任机制：共享行程表 + 关键联系人报备。

育儿分工不均,
如何让爸爸也主动参与育儿?

瑞秋凌晨3点还在儿童房地毯上叠衣服,看着鼾声如雷的丈夫,突然想起婚前那个会为她煮醒酒汤的男人。如今她每天像陀螺般旋转:6:00做早餐、7:30送三胞胎上学、17:00辅导作业＋做饭＋哄睡……而安迪的"帮忙"永远停留在"宝宝拉臭臭了快来看!"的喊叫式育儿。最崩溃的是婆婆那句:"我当年带五个娃还下地干活儿,你们年轻人就是矫情……"

双赢解法: 共同参与 + 双向筛选

✅ 列"必要事项清单": 删除自我感动型任务 (如叠成豆腐块的毛巾)。

✅ 按热情值分工: 他爱做饭 / 她擅长辅导作业→明确各自的专属领域。

✅ "钞能力"解决: 请保洁定期打扫/让孩子参与家务赚零花钱。

AA制还是共同账户？
如何找到最优解？

4

卡洛斯握着新买的游戏手柄，耳边还回荡着托妮的怒吼：
"你刷信用卡买游戏机的钱是孩子三个月的奶粉钱！"他想起加
班到凌晨的疲惫，觉得连199美元的快乐都成了奢望。而托妮缩
在沙发角落翻着记账本——她刚划掉心仪已久的羊绒大衣，却发
现丈夫的"惊喜消费"。

双赢解法：共同参与 + 双向筛选

✅ 设立"家庭公基金"：覆盖房贷/教育/医疗等
刚需支出。

✅ 发放情感账户金：每周各50美元自由支配（禁
买烟酒等争议品）。

✅ 消费报备不审批：买游戏机要告知，但无须对方
同意。

即兴还是仪式感?
如何让亲密需求更契合?

保罗永远记得那个被丽雅推开的情人节夜晚。他精心布置了玫瑰浴缸,却被一句"我明天有早会"浇得透心凉。而丽雅蜷缩在客房床上咬被角:每次他突然扑过来都让她想起被甲方突袭会议的窒息感。最伤人的是他醉酒后的那句"你对我根本没欲望吧"——天知道她多渴望先有半小时拥吻聊天,而不是像完成KPI 般的机械运动……

双赢解法: 共同参与 + 双向筛选

- ✅ 开发"性爱暗号":摸耳垂 = 今晚有戏,眨左眼 = 需要前戏。

- ✅ 设置"情感过山车":白天发暧昧短信,下班带束花预热。

- ✅ 折中方案: 70% 计划性亲密 +30% 随机惊喜。

He
Wins,
She
Wins

04
爆款工具包

对齐冲突，从解决到预防

1

把那些还没解决的"迷你战役"列出来，分别写清楚每场"战役"的来龙去脉。我们的目标是更好地理解彼此，而不是单方面"战胜"对方！所以，要秉持公平公正的原则，给每个冲突都配上夫妻双方的视角。

> 规则：谁发起的冲突，谁先开口讲自己的观点；至于另一方的想法，就由他 / 她本人亲自填写（别代写，以免"断章取义"）！

接下来，你们的任务是：

1. 先看看彼此的冲突清单，找出那些可以轻松搞定的小矛盾（有些可能只是误会）。
2. 给剩下的冲突排个优先级，哪些是最需要解决的？
3. 挑两个优先级最高的冲突，坐下来好好解决！
4. 逐步攻克其他矛盾，给你们的关系升温！

未解决冲突清单

1. 从 ＿＿＿ 的角度来看这个问题：＿＿＿＿＿＿＿＿＿＿＿＿＿＿＿

   从 ＿＿＿ 的角度来看这个问题：＿＿＿＿＿＿＿＿＿＿＿＿＿＿＿

2. 从 ＿＿＿ 的角度来看这个问题：＿＿＿＿＿＿＿＿＿＿＿＿＿＿＿

   从 ＿＿＿ 的角度来看这个问题：＿＿＿＿＿＿＿＿＿＿＿＿＿＿＿

3. 从 ＿＿＿ 的角度来看这个问题：＿＿＿＿＿＿＿＿＿＿＿＿＿＿＿

   从 ＿＿＿ 的角度来看这个问题：＿＿＿＿＿＿＿＿＿＿＿＿＿＿＿

4. 从 ＿＿＿ 的角度来看这个问题：＿＿＿＿＿＿＿＿＿＿＿＿＿＿＿

   从 ＿＿＿ 的角度来看这个问题：＿＿＿＿＿＿＿＿＿＿＿＿＿＿＿

5. 从 ＿＿＿ 的角度来看这个问题：＿＿＿＿＿＿＿＿＿＿＿＿＿＿＿

   从 ＿＿＿ 的角度来看这个问题：＿＿＿＿＿＿＿＿＿＿＿＿＿＿＿

6. 从 ＿＿＿ 的角度来看这个问题：＿＿＿＿＿＿＿＿＿＿＿＿＿＿＿

   从 ＿＿＿ 的角度来看这个问题：＿＿＿＿＿＿＿＿＿＿＿＿＿＿＿

7. 从 ＿＿＿ 的角度来看这个问题：＿＿＿＿＿＿＿＿＿＿＿＿＿＿＿

   从 ＿＿＿ 的角度来看这个问题：＿＿＿＿＿＿＿＿＿＿＿＿＿＿＿

8. 从 ＿＿＿ 的角度来看这个问题：＿＿＿＿＿＿＿＿＿＿＿＿＿＿＿

   从 ＿＿＿ 的角度来看这个问题：＿＿＿＿＿＿＿＿＿＿＿＿＿＿＿

9. 从 ＿＿＿ 的角度来看这个问题：＿＿＿＿＿＿＿＿＿＿＿＿＿＿＿

   从 ＿＿＿ 的角度来看这个问题：＿＿＿＿＿＿＿＿＿＿＿＿＿＿＿

10. 从 ＿＿＿ 的角度来看这个问题：＿＿＿＿＿＿＿＿＿＿＿＿＿＿＿

   从 ＿＿＿ 的角度来看这个问题：＿＿＿＿＿＿＿＿＿＿＿＿＿＿＿

双赢沟通四准则速查卡

氛围先暖场，安全第一条

☐ 心情好时再谈事。

☐ 不命令、不甩脸、不翻旧账。

☐ 感觉要崩？立刻喊停，冷静后再聊。

先当倾听者，再当表达者

☐ 不插话、不否定，点头比反驳更治愈。

☐ 用好奇代替批判："原来你是这样想的！"

脑洞大开，方案一起造

☐ 点子不分好坏，先记小本上。

☐ 像玩积木，多试几种组合总有惊喜。

双倍满意才拍板

☐ 别急着拍板，先试一周体验卡。

☐ 效果翻车？退回第三步，再造新方案。

☐ 两人眼里都有光，才是双赢答案。

3句话，吵架时立刻止损

3

✔ "停，我们都先给自己的情绪降降温吧。"

✔ "我明白你很在意这件事，给我点时间消化你的想法。"

✔ "别忘了，让咱俩都舒服，才是我们的目标。"

"黄金15小时"，越过越甜

4

亲密关系需要经营，就像账户需要存款一样！所以，给自己定一个小目标：每周至少安排 15 小时的专注时间，来给彼此的亲密情感加点"余额"。这些高质量时光可以这样度过：

- 享受彼此的爱与关怀，拥抱、撒娇、摸摸头都算。
- 进行真正的深度对话，不是"吃什么"那种哦。
- 轻松愉快地一起做点好玩的事，追剧、散步、吃顿烛光晚餐……

重点是：别让一周就这么溜走了，结果发现你们连 15 小时的专注陪伴都没凑够！

记住，关注就是往情感银行里存款的最佳方式，存得越多，关系越稳固，利息还翻倍呢！

He
Wins,
She
Wins

05

冲突观察手记：他人矛盾中的解决策略

场景1：拉尔夫觉得他的妻子莎莉对一个合唱团男成员过于友好。莎莉认为什么事都没有发生，所以拉尔夫不应该胡思乱想。

在这个例子中，有两种观点，乍一看似乎是冲突的，以至于似乎不可能找到任何解决办法。根据共同协商原则规定，在夫妻双方热情地同意一项决议之前，莎莉不可以与合唱团的那位男成员有任何接触。这就引申出一种可能的解决方法是莎莉和拉尔夫都退出合唱团，在那天晚上做一些对他们来说同样愉快的事情。

莎莉认为拉尔夫不应该胡思乱想的立场是对拉尔夫的不尊重，所以她试图说服拉尔夫不要担心是行不通的。拉尔夫很担心，这就是这场冲突的要点。但是，如果拉尔夫能更清楚地定义他所说的莎莉"太友好"是什么意思，莎莉也许就能继续和合唱团的成员友好相处，而不会冒犯拉尔夫或合唱团的成员。因此，拉尔夫建议莎莉将她与合唱团成员的交谈限制在三分钟以内，和男成员说话时不要碰他的胳膊，并确保每当她和男成员说话的时候拉尔夫都站在她旁边。因为"什么事都没有"，莎莉热情地同意这样做，因为她想让拉尔夫对她的行为感到舒服，而且不会妨碍她对他人表现友好。

场景2：亨利正在帮他寡居的母亲修理房屋，他的妻子琼非常不悦，因为他们自己的房屋还没有得到妥善修理。亨利觉得他那悲伤的母亲需要及时而具体的情感支持，而帮她修理房子能提供这种支持。

解决这场冲突的目标是为亨利的母亲提供情感上的支持，同时也对亨利的家进行必要的维修。在讨论这个冲突时，亨利既不能在他母亲的家里也不能在他自己的家里进行维修（共同协商原则）。亨利建议，在他修理自家房子的时候，邀请他的母亲来家里做客。琼觉得这是个解决办法，只要他母亲的存在不妨碍夫妻独处就行。所以他们安排了夫妻独处的时间，也安排了亨利在家做修理工作时让亨利母亲到家做客的时间。他们都同意，亨利母亲需要的房屋修理工作可以外包给承包商，并由他母亲支付费用，她也负担得起。

场景3：史蒂夫和凯伦的兄弟姐妹们相处时，他们总是开他的玩笑，让他感觉自己被冒犯。他不想陪凯伦参加家庭聚会。凯伦觉得她的家人对每个人都这样，她也不例外，史蒂夫最终会习以为常。

只要凯伦的兄弟姐妹取笑史蒂夫的行为不改变，史蒂夫就不可能会热衷于和他们交往。凯伦认为史蒂夫最终会习惯的建议，不仅是不正确的，而且是不尊重和不善解人意的。在他们能决这个冲突之前，史蒂夫不应该和凯伦的兄弟姐妹相处，如果凯伦不带史蒂夫去家庭聚会会冒犯到他，那么凯伦也不应该去。

史蒂夫建议凯伦向她的兄弟姐妹解释，他觉得他们开的玩笑实在是非常冒犯，如果他们继续下去，可能就会失去与史蒂夫和凯伦两人的关系。如果他们无视凯伦的要求，那么兄弟姐妹参加的家庭活动，史蒂夫和凯伦都会拒绝参加。凯伦考虑了一下他的建议，觉得他说的有道理。凯伦对史蒂夫的爱让她看到了史蒂夫的困境，因此她同意与她的兄弟姐妹谈谈。她向兄弟姐妹解释说，他们对待史蒂夫的方式不仅伤害了史蒂夫，也伤害了她，如果他们对此毫不在意，也许他们根本就不应该相处。如果兄弟姐妹积极回应了她的要求，愿意向他们夫妻俩表达尊重，那么从此以后大家能好好享受聚会的时光。如果他们没有积极回应，那么凯伦和史蒂夫会一致拒绝参加他们在场的家庭活动。大多数情况下，家庭成员会认真对待这个建议以示尊重，从而解决问题。

场景4：珍尼特每天晚上和周末在家都要加班，这让她的丈夫马克感觉自己受到了冷落。珍妮特认为自己总有一天能做到在正常的工作时间内完成工作，但目前她不能落于人后，否则就会失去工作。

珍妮特和马克的问题不一定是因为珍妮特把工作带回家，而是她对马克的忽视，但在他们找到解决办法之前，珍妮特同意不把工作带回家，即使这意味着她可能会失去工作，这将他们的冲突摆在了首要位置。

珍妮特建议他们遵循"全心全意的关注策略"，该策略建议他们每周安排 15 小时的专注时间以满足彼此的情感需求，包括爱与关怀、亲密交谈、性满足和娱乐陪伴。他们将专注时间放在最重要的位置，通过这个方法，即使珍妮特把工作带回家，马克也能从她那里得到他所需要的关注。马克热情地同意了这个计划，为期一个月，看看它是否真的有效。一个月后，他俩都同意继续这么做。

场景5：丈夫乔治每个周末都去打高尔夫球，这让艾玛感觉自己被忽视了。乔治觉得，在完成一周的紧张工作后，打高尔夫已经是他唯一的放松方式。

解决该冲突的第一步，是让乔治停止打高尔夫球，同时双方一起找出既能让乔治放松，又不会让艾玛感到被忽视的方法。艾玛想找到一个既能让乔治放松又能和她一起享受的活动。她希望自己能参与到乔治的放松活动中。

于是，乔治和艾玛开始头脑风暴，思考他们可以一起做的事。他们想到了去徒步旅行、钓鱼、周末露营、骑马和观鸟。他们一一尝试了每项活动，发现对夫妻双方来说，这些活动都是令人放松且愉快的。所以他们每个周末都要做一项或几项活动，这成功解决了他们的冲突。

场景6：凯丽想给读高中的女儿买一台 iPad，托比觉得他们负担不起这样一笔开销。

在卡丽和托比达成热情共识之前，暂时不给他们的女儿购买 iPad，但他们需要一起头脑风暴，思考解决冲突的可能方案，并每天向彼此展示他们的想法。经过三天的失败之后，托比想到了一个主意。

"如果让克里斯汀找一份工作，用她自己的收入买 iPad 怎么样？这样可行吗？"

但卡丽不希望他们的女儿等待，她认为 iPad 是女儿学习的一个重要工具。"你会考虑现在就把 iPad 给她，让她用赚来的钱还我们吗？"

"当然可以，如果她向我们保证她会在周末找到一份工作的话。"托比回答道。

他们与克里斯汀讨论了这个计划，克里斯汀欣然同意。她已经知道有个地方愿意雇用她。三个月内，iPad 的费用就付清了，更棒的是克里斯汀现在有办法为大学攒钱了。

场景7：约翰想在抚养孩子的同时为退休提前存点钱，而梅丽莎想把存款用在孩子的教育上。

当他们刚发现这个冲突时，约翰和梅丽莎遵循了共同协商原则，同意暂缓决定如何处理他们的存款。这正合约翰的意，因为如果他们等待决议的时间越长，就越有可能将存款最终用于他们的退休生活，但热情的共识才是他们的目标。

他们在讨论中对彼此的观点都有了更好的理解。约翰也希望他们的孩子能上大学，但他觉得孩子们可以上州立大学，做兼职工作，并申请奖学金以减少开支。梅丽莎认同约翰的观点，为退休存钱很重要，但她认为他们可以在孩子们完成大学学业之后再开始存钱。她还觉得，以夫妻双方现有的职业发展来看，即使到退休年龄，他们依然会继续工作。

经过几个星期的谈判，双方达成了热情的共识。孩子们将从 11 年级开始参加大学预修课程和大学水平课程，争取完成前两年免费的大学课程学习。如果他们在毕业前没能完成前两年的学业，就要进入社区大学，在社区大学学习两年后，再进入州立大学，以降低学业成本。他们要申请奖学金和学生贷款，并在暑假期间找全职工作，以贴补学费。约翰和梅丽莎同意为孩子们的学生贷款提供担保，并每年为他们额外提供 2000 美元，直到他们获得学士学位。在那之后，不管哪个孩子想读研究生继续深造，都要自己掏腰包。

约翰和梅丽莎还决定在双方都能热情地同意之前选择不退休，这样就会有足够的积蓄来维持夫妻双方的退休生活，但随着他们思考得越多，他们越认为，把孩子抚养成人后的时光，不能只为存钱而活，所以他们还要确保自己在享受工作时光的同时，还能有充足的假期。

场景 8：塔米下班回家后想外出吃饭，韦恩则想在家里吃晚饭以节省开支。

在这个例子中，很难遵循共同协商原则，因为韦恩和塔米下班后都必须在某个地方吃饭。因此，他们在谈判期间，决定继续做他们一直在做的事——每周两次外出就餐，剩余时间在家吃饭。但他们都知道，这不会是他们的最终解决方案，因为无论他们在哪里吃饭，其中一人都会对这种安排感到不满。

他们每天都互相提出可能打破僵局的想法。韦恩建议使用物美价廉的冷冻晚餐，但家里没有人对此感到期待，包括塔米。塔米找了一些健康又便宜的餐馆，但韦恩觉得，相比较而言，还是在家吃饭最省钱。

除了寻找健康但便宜的餐馆，塔米还计算了在家准备晚餐的费用。让韦恩惊讶的是，在家做饭的成本比在塔米调查过的一些餐馆吃饭还要高。既然费用问题已经解决了，只要账单和消费不超过他们的预算，韦恩很乐意和家人出去吃饭。他们都对最终决定充满热情，孩子们也是如此。

场景9：丹认为正在读高中的孩子们应该在9点之前上床睡觉，但卡拉觉得就算孩子们熬到10点也没关系。

丹希望孩子们在9点之前上床睡觉，因为他想和卡拉共度美好时光。他觉得，如果他们陪孩子熬到10点，大家都太累了，夫妻双方没有精力给予彼此所需的关注。卡拉认为，如果孩子们在9点上床睡觉，他们只会躺在床上瞪着大眼，直到10点过后才能睡着，这也让他们不舒服。

在丹和卡拉就上床睡觉的时间达成热情共识之前，他们同意遵守共同协商原则，不给孩子制定任何关于睡觉时间的规定。他们每天通过电子邮件互相发送可能解决冲突的方案。

丹建议鼓励孩子们在房间里做作业或阅读，不一定是睡觉，这样爸爸妈妈才能有独处的时间。卡拉觉得那样太尴尬了。她建议他俩可以在晚上早些时候一起离家约会。她觉得孩子们已经长大了，足以在傍晚时分照顾好自己。

丹对这个想法没意见，但提出一个疑问：如果他们不在家，他们怎么过性生活呢？卡拉建议，如果他们约完会，能在 10 点左右回到家，孩子们这时已经回到自己的房间，和他们说晚安之后，她可能会愿意和丹来一个激情之夜，因为他们刚一起度过了浪漫的约会。

丹和卡拉热情地同意尝试这个计划，每周空出四个晚上出去约会，持续两周，看看它是否像他们预期的那样奏效。虽然卡拉并不是在每次约会后都有心情过性生活，丹对此也没抱太多的期待，但他们性生活的频率仍然比新计划之前要高得多。所以两周后，他们都热情地同意继续这个计划，约会时间可以安排在每天晚间或周末的白天，而孩子们可以熬夜到 10 点。

场景10：凯蒂希望在正读初中的女儿顶撞她的时候，她的丈夫杰瑞德能站出来支持自己。杰瑞德觉得这是凯蒂要独立解决的问题，他不想插手。

从表面上看，这场冲突挑战了共同协商的基本原则。杰瑞德认为凯蒂所面临的问题与他无关，这就排除了谈判的可能性。然而，经过仔细分析，杰瑞德的观点并不像他最初说的那样。当他们的女儿埃尔西和凯蒂顶嘴时，他觉得是凯蒂不尊重埃尔西在先，埃尔西只是在回击，是凯蒂活该。

但杰瑞德愿意与凯蒂谈判，他们都同意遵循共同协商原则，在此之前杰瑞德暂时不需要站出来支持凯蒂。

杰瑞德提出的第一个建议是，如果埃尔西不尊重凯蒂，他会训斥她，前提是凯蒂没有先对埃尔西不尊重。凯蒂对这个建议非常生气，她认为她有责任批评自己的女儿，而她的丈夫应该支持她执行这个职责。此外，谁来评判凯蒂是否对埃尔西不尊重呢？

凯蒂必须想出一个考虑到杰瑞德观点的解决方案，同时它还必须支持自己养育孩子的观点。这是一项非常艰巨的任务。

经过深思熟虑，她同意不再冲动地对女儿评头论足，在她对埃尔西说任何话之前，会先与杰瑞德讨论每个问题。如果他们不能就"该说什么"达成共识，他们会头脑风暴或完全放弃这个问题。她还同意在这些讨论中自己不会提要求（告诉杰瑞德该怎么做）、不尊重他（告诉他错了）或对他生气。

杰瑞德热情地同意了她的提议，她也热情地同意试行这个提议一个月，看看效果如何。事实证明，他们的讨论为抚养青少年这个非常困难的问题带来了智慧，当他们达成共识时，他们向女儿展示了一个尊重但坚定的统一战线。当他们达成共识时，杰瑞德是凯蒂最坚实的后盾。当他们无法达成共识时，凯蒂什么都不会对埃尔西说，所以凯蒂也不需要杰瑞德的支持。一个月后，他们都热情地同意继续执行这个新方法。

场景11：*菲尔觉得，如果他们的孩子不打扫房间，很简单，就让他们关上房门，待在乱七八糟的房间里，自食恶果。泰勒却认为，如果孩子们不能保持房间整洁，他们应该受到额外的惩罚。*

育儿方式的冲突往往是关于给孩子多少选择自由的问题。一位家长，像菲尔一样，认为孩子应该学会自己做决定，并从他们决定的后果中吸取教训；而另一位家长，像泰勒，却认为除非父母引导孩子做出明智的决定，否则孩子会遭受不必要的痛苦。

在他们热情地达成共识之前，他们会遵循共同协商原则什么都不做，这正好与菲尔的立场相吻合。但他同意每天和泰勒一起讨论这个问题，进行头脑风暴，直到找到让双方都满意的解决方案。因此，他们开始讨论前，先达成了一个临时协议，即如果孩子们不打扫房间，也不会受到惩罚。

菲尔小时候从不收拾他的房间，而泰勒的房间总是干净整洁。这两种截然不同的情况似乎并非来自父母的影响，菲尔似乎天生就喜欢把东西弄得乱糟糟；而对泰勒来说，任何事情稍微有那么点不恰当都让她感觉特别不舒服。事实上，菲尔和泰勒之间发生过很多争论，大部分都跟"家里究竟应该多干净"的问题有关，而之所以会产生这些问题，正是因为他们彼此之间存在差异。因此，如果能解决有关孩子打扫房间的这个冲突，很有可能也有助于解决家务整理的一般问题。

菲尔建议给打扫房间的人提供奖励。如果孩子的房间在一定时间内保持干净整洁，孩子将得到一美元。如果某个孩子无法保证自己的房间整洁，那另一个孩子就有机会通过帮忙打扫兄弟姐妹的房间来获得 1 美元报酬。该计划符合菲尔的观点，即有些人天生就懂得保持房间整洁，而有些人则不然；同时，这个计划也符合泰勒的观点，即应该教育孩子们认识到保持房间整洁的价值。1 美元将激励每个孩子自己打扫卫生。

他们热情地同意试用新计划一个月，然后做了一些调整。一方面，他们决定将奖励改为 50 美分而不是 1 美元；另一方面，在检查后，他们会给房间整洁度不合格的孩子 15 分钟的额外时间来打扫。这个计划最终被应用到整个家庭，孩子们也成为了家庭小助理，通过保持家里的整洁干净以获得奖励。

场景12：科琳认为在孩子们做作业时，她需要在一旁提供协助。但比尔认为孩子们应该独立完成作业。

这是关于父母应该给孩子多少选择自由的另一场冲突。科琳和比尔都希望他们的孩子在学业上取得成功，但科琳认为父母应该助他们一臂之力，而比尔却认为他们应该自力更生。他认为，如果家长帮忙做作业，功劳就不该归于孩子。

在这一冲突得到解决之前，共同协商原则的默认条件正好与比尔的自由放任政策相一致，但他同意每天和科琳一起头脑风暴，思考可能的解决方法，直到找到一个双赢方案。比尔之所以对科琳帮助孩子们做家庭作业的行为感到不满，与其说是因为教育理念不同，不如说是因为科琳每天晚上和周末都会因此而变得很忙碌，这让夫妻俩根本没有时间独处。因此，当他们开始讨论时，他表达了自己对夫妻双方没有足够的独处时间的担忧。

科琳建议他们遵循全心全意的关注策略，每周安排至少 15 小时的时间和对方独处。这解决了比尔认为家庭作业会让夫妻疏离的问题，但他对孩子们做家庭作业的担忧问题，又该如何处理呢？因此，在他热情地同意安排时间与科琳独处的同时，他也表示，如果孩子们不好好做作业，他会督促和协助他们。当孩子们在学习上遇到困难，需要家长在一旁监督并辅导要学习的功课时，他将是科琳最热情可靠的工作伙伴。

他们热情地同意尝试这个计划一个月，安排 15 小时的专注独处时间，并一起帮助他们的孩子做作业（但不是家长做）。一个月后，两个人都热情地同意，他们已经找到了一个双赢的解决方案，搞定了一开始似乎无法解决的冲突。

场景 13：*安德莉亚想把性生活放在早晨，在她和丈夫埃文起床之前，但埃文想把性生活放在他们晚上上床睡觉之后。*

当安德莉亚和埃文讨论该冲突时，根据共同协商原则，他们的性生活要避开早晨和晚上这两个时间段，但这并不意味着他们不能在一天中的其他时间做爱。因此，在他们谈判期间，双方都热情地同意了每周在家吃三次午餐，挑一次餐后做爱。

埃文向安德莉亚解释，因为早上他总是忙于思考当天要做的事，以至于无法以安德莉亚想要的方式——放松和从容地与她一起享受性爱。安德莉亚也解释说，她无法享受晚上的性生活，因为她在晚上八点左右就变得精疲力尽了。上床睡觉前，性是她脑子里最不想要的事。

但是，当他们在头脑风暴的时候，他们明显地发现，他们所做的临时补救措施——在午餐后做爱，效果比他们预想的要好得多。因此，他们都热情地同意将这项临时决议永久化。

场景14：乔尔希望他的妻子桑迪穿性感的睡裙睡觉，而桑迪只想穿睡衣裤。

在这种情况下，共同协商原则的默认条件正是乔尔最想要的，也是桑迪最想避免的——睡觉时什么都不穿。因此，对于这种情况，在他们讨论这个问题期间，桑迪应该继续穿任何让她舒服的衣服。

桑迪解释说，她试过穿乔尔过去给她买的性感睡袍，这让她一点都不舒服。她穿着它几乎睡不着觉，更不用说它激发了乔尔的兴致，整个晚上都在抚摸她。睡衣裤对她而言似乎是一个更好的选择，但乔尔却认为睡衣裤其实就是桑迪每天晚上睡觉时拒绝他过性生活的借口罢了。

在互相表达自己的观点后，他们每天都会提出可能解决冲突的建议。桑迪建议，她可以穿自己挑的睡裙——介于睡衣裤和性感睡袍之间的方案。乔尔建议她尝试穿各种各样的性感睡袍，直到找到一件她觉得穿着舒服的。不过这两个建议都被否决了。

最终，桑迪提出了一个他们都同意的解决方案。每当他们过性生活时，她会穿上乔尔给她买的性感睡袍上床。但事后，她会换上睡衣裤睡觉。他们尝试了这个提议几个星期，发现这不仅增加了他们性生活的频率，而且让他俩都有了好睡眠。